メンタリストDaiGo

不安を自信に変える

「逆転の発想術」

あなたの人生に役立つ
24のメンタリズム

廣済堂出版

はじめに

「逆転の発想術」はあなたを変える最強の心理テクニックになる

これからみなさんにお教えする「逆転の発想術」は、僕自身が人生を180度変えた、言わば **〝究極の方法〟** です。

究極だなんて、少し大げさな言い方に聞こえるかもしれませんが、14歳だったあのときにこの方法を思いつき、それを実践したことで、僕はそれまでとはまるで違う「新しい自分」を手に入れることができたのです（詳しくはこのあとのプロローグでご紹介します）。

人間の習性や思考方法、思考パターンを利用して、こちらの意図どおりに相手を導く「メンタリズム」も、言ってみれば、この「逆転の発想術」と同じ発想です。

人間が、いかに思い込みによって行動し、いかに盲点が多く、そして頑固なのか。パフォーマンスを学ぶ過程でそのことがとてもよくわかりましたし、だからこそ、なるべくいろいろな角度から物事を見るように自分自身を訓練しつづけています。

通常の発想とは、まったく逆のところから考えてみる。

逆ではないにしても、ちょっと横の角度から、または斜めから、そのものを見てみる。

すると、必ずそれまでとは違うことが見えてきます。

それが僕がすすめる究極の方法「逆転の発想術」です。

この本は、編集の方からいただいたテーマに、僕なりの答えや考え方を書かせてもらうという初めての形をとりました。

「その場の空気が読めなくてどうしよう?」というテーマには、空気なんて読まなくていい、どうせ読むなら、その場の空気を変えるために読みましょうと答えています。

「ライバルに勝つには?」というテーマには、ライバルは勝つものじゃない、むしろ、相手の懐《ふところ》に飛び込んで高め合うこと、をすすめています。

口うるさい親や上司との付き合い方については、相手が満足するように、向こうが気にしていることを先にこちらから口うるさく報告すれば、いずれ黙るでしょうと書いています。

もしかすると、これを読んでくださる人の中には、

「私は同じ状況ではないので、これを応用するのは無理」

とか、

「いやぁ、言うのは簡単だけど、実際できないし、そんなことしても効果がないよ」

などと思う人がいるかもしれません。

興味深いことに、こういう人たちは僕がメンタリズムを使ったパフォーマンスで100%誘導できる人たちなのです。

思い込みが強く、盲点が多く、そして頑固。

こういう人たちは、本書をパッと読んで、「いいか・悪いか」、もしくは「使えるか・使えないか」という自分のいつもの判断基準でジャッジするだけ。結局、この本で提案していることを実行することは一生ないのかもしれません。


しかし、その自分の判断基準だけでは、うまくいかないのが人生です。僕自身、14歳のとき、あの柔軟な発想ができなかったら、今の自分が手に入っていなかったのは明白です。

この本は「柔軟な考え方」のススメ本です。

ものの考え方も、行動の取り方も、これだけたくさんあるのに、自分だけのやり方に固執していては、あなたの人生がもったいない。

僕にだまされたと思ってもいいですから、この本の中で紹介している「逆転の発想術」を、あなたの生活で実際に試してみてください。

さぁ、扉を開けましょう。

メンタリストDaiGo

不安を自信に変える
「逆転の発想術」

目次

第1章 新しい自分になるための「逆転の発想術」

第2章

心を強くするための「逆転の発想術」

第3章

ピンチをチャンスに変えるための「逆転の発想術」

第4章

コミュニケーション力を高めるための「逆転の発想術」

プロローグ

すべての始まりは“自分を逆転させる”ことだった

僕は8年間、いじめられていた

すでにいろいろなところで話していますが、**僕は小学校に入ってから中学2年までいじめられっ子でした。**

殴られたり、蹴られたり、ときには自分の存在がまったくないように無視されたり。

いじめのきっかけとなったのは、僕が背負っていたランドセル。

当時みんなが持っていたのは人工皮革か、革の上から塩ビか何かでピカピカに加工したタイプが主流でした。

でも、僕のは艶《つや》消しでシワシワした、昔ながらの牛革のランドセル。

今思えばそのほうがオシャレだと思いますが、加工をしていないランドセルを所有する同級生がいなかったせいか、人と違うものを持っている僕に注目が集まりました。

そのうち、引っかくと簡単に傷がつくことに気づいた同級生たちが、僕のランドセルを引っかき始めたのです。

どんなに嫌がっても引っかかれます。むしろ、僕が嫌がれば嫌がるほど彼らは面白がりました。ガリガリと爪を立てられ、僕のランドセルはいつも新しい傷跡がついていました。

そのうち、僕をターゲットにした「遊び」は少しずつエスカレートしていきました。トイレに入っていると上から水が降ってくる、カバンや持ち物が隠される、靴の中には画鋲《がびょう》が入っている、そんなことが頻繁《ひんぱん》にありました。

クラスが替わっても、いじめっ子の面子《メンツ》が替わるだけです。

今では考えられないことですが、いじめられても僕が言い返したり、やり返したりしたことはありませんでした。自分のどこかが人と違うからいけないのだと思い、目立たないように、目をつけられないように、できるだけ〝みんなと同じ〟ように慎重にふるまっていたのを今でも覚えています。

中学生になったら変わるかなと期待したけれど、同じ学区内なので中学での面子もほとんど同じ。いじめの状況も、僕自身も、何も変わりませんでした。

不思議なもので、いじめられつづけていると、だんだん涙も出なくなってくるんですね。そんなふうに反応がないと、いじめっ子も面白くないわけです。だからいじめがどんどんエスカレートする。それによってますます感情が出せなくなり、もっといじめられる……という負のスパイラルに陥っていったのです。

すべての始まりは〝自分を逆転させる〟ことだった

中学も2年になったある日のこと、工作室での授業のときでした。すれ違いざまに、いつものいじめグループのリーダー的存在が僕に肩をぶつけてきます。次の子も、その次の子も、僕めがけて肩をぶつけてくる。わっと、よろめいたとき、その日の授業で使うナタが机の上から落ちました。それを見た瞬間、僕はなぜか床に落ちたナタを拾い、その集団めがけて投げつけたのです。

ふと我に返りました。ナタは運よく誰にも当たらなかったようで、壁にバーンと突き刺さっていました。

その後、数日休んでから恐る恐る学校に行くと、驚くことにそれまでとは違う視線を感じます。特に、いつも僕を標的にしていたいじめっ子グループの態度がどこか違うのです。僕を避けていたし、そして、明らかにもういじめようとはしなくなっていました。

そこで初めて気づいたのです。

あぁ、なんだ、**自分が動けば、周りに見えている世界はこんなに簡単に変わる**じゃないかと。

それまでは、いじめにあうだけの僕だったけれど、逆にいじめっ子たちに反撃をすることで、こんなにも簡単に力関係は変わるのだ、と。

今考えれば、いじめに対抗できる機会はもっと前にもあったのかもしれません。それなのに、いじめられていた8年間、何も行動せず、声も出さなかった。僕は、誰かが助けてくれるとずっと思っていたのです。

でも、僕は今、いじめっ子たちと当時の先生に感謝をしています。

いじめてくれた子がいて、そして先生たちが助けてくれなかったおかげで、自分は「自分を変える方法」を見つけ、「誰とも違う自分」を作ることができました。誰も助けてくれなかったからこそ、自分で身を守る方法を手に入れることができたのです。

自分が動いたことで世界が変わったという事実は、14歳の僕にとっては衝撃でした。だとしたら、**自分のあり方、行動すべてを真逆にすれば、自分に今見えているすべてのことが変わるんじゃないか**とひらめいたのです。

学校から帰宅してすぐに僕はノートを引っ張り出し、自分が変えたいと思うことすべてを真逆にしたリストを作りあげました。

発見した「逆転の法則」、その方法とは？

紙を半分に折り曲げてからもう一度広げ、その左側に、いじめられていた自分のイヤなところを書き出しました。

「太っている、メガネ、成績が悪い、遅刻、癖っ毛……」

5分と時間を決めて、バーッと書きました。

次に、右側に、さっき書いたものを全部ひっくり返して書き出します。

たとえばこんなふうです。

「太っている」↓「痩《や》せている」
「成績が悪い」↓「成績がいい」
「遅刻が多い」↓「遅刻をしない」

途中で手が止まらないように無感情ですべての項目を逆にしていきました。さらに、どうしたらそうなれるかという方法も具体的に書いていきました。

今、もし僕が「自分を変える手法」としてこれを提案するなら、「現在の自分」を書き出すのに5分、「未来の自分」を書くのに20分とするでしょう。

時間制限をつけたほうが項目が出やすいですし、未来のほうに時間を多く割《さ》くことで自分の現実の姿にヘコまないですむからです。

書くスペースも「現在の自分」と「未来の自分」を同じにはせずに、変わったあとの自分についてたくさん書けるよう、未来の部分のスペースを広くすると様々なことがより具体的に見えてくるはずです。

ダイエットの知識がなかった当時の僕は、「痩せている」の次に「ランニング」と書きました。そして、毎朝学校に行く前に走ることを決めました。

「成績が悪い」と書きましたが、どれぐらい悪かったかを具体的に言うと、僕は全学年で「下から3番目」でした。理科は好きでしたが、それ以外の科目の勉強はしなかったので、227人中224番。これをひっくり返すのであれば「上から3番目」になります。

当時は9科目全部の平均点で順位を決めていましたから、上から3番までの人たちがたとえば平均で760点取っているとすると、1科目85点平均を取る必要があります。その後、僕は見事、「逆転の法則」に従った勉強法で、上から3番になることができました（その方法については、このあとの章で詳しくご紹介します）。

遅刻には、例外的にペナルティをつけました。何かの約束に遅れたら母親に500円を献上することにしたのです。

当時のお小遣いが2000円だったので月に4回やったら終了です。

でも、それぐらい強烈なものにしておいたほうが遅刻しづらいのではと思ったのです。

これらは14歳なりの子どもっぽい方法ではありましたが、**現実を逆転させ、そこに到達するまでの道のりをできるだけ具体的に考えるこの作業こそが、僕が「はじめに」で述べた〝究極の方法〟だった**のです。

自分の力で自分を変えることができた僕はとても満足し、自分に自信を持つことができました。

いじめられていた期間は「自分のすべて」がコンプレックスだったのですが、今、「コンプレックスは何ですか？」と聞かれてもピンとくるものがないくらい、それらは完全に解消しています。そして、欠点ではなく、自分の長所のほうに目を向けられるようになりました。

違う視点から考えると、出口が見える

メンタリズムというパフォーマンスに出合い、それに僕がグングン惹《ひ》かれていったのも、それがマジックのように仕掛けに頼るものではなく、人の思い込みを利用し、〝人の裏をかく〟という、どこか「逆転の発想術」に近いテクニックで構成されていたからかもしれません。

最初に相手の驚きを引き出し、自分をある種、特別な存在に見せてから他のパフォーマンスに誘導する「フォーク曲げ」という演目も、「逆転の発想術」で、あえてこれまでとは違うアプローチで見せることに決めました。

昔ながらの金属曲げをする人たちは必ずスプーンを使っていましたから、僕はあえてフォークを選びました。さらに彼らは念力を使っているようにゆっくりとおどろおどろしく曲げていきますが、僕は素早くスタイリッシュに曲げるテクニックを磨きました。そして、「超能力、神秘の力とはなんの関係もありません。これは科学の力です、だから何度も同じことが安定して再現できるのです」という口上を作りました。

従来のものを逆転させただけですが、ものすごく新しい、人の心を一瞬でつかむ導入の

パフォーマンスになったわけです。

本書は、そんなふうに私たちが日常的に持っている **〝普通はこういうものである〟〝こういうやり方をするといいと言われている〟** という枠《わく》を取り去り、「**まるで違う視点から考える方法**」を初めて文章にまとめてみたものです。

僕がいじめられていたときのように、人は窮地《きゅうち》に陥《おちい》ると、目の前に見える環境や状況がすべてで、そこから逃げ出す道も手段もないように思えてしまいます。

でも、**必ず出口はあるし、脱出する方法もある**のです。

すべては自分の考え方次第。今の僕はそう痛感しています。

第1章

新しい自分になるための「逆転の発想術」

欠点を直したい！
あなたのための「逆転の発想術」

欠点は隠すものでも直すものでもない。相手に先に伝えることで〝武器〟になる

欠点は先に相手に伝えてしまえ

欠点と聞いて、あなたは自分のどんなところを思い浮かべますか？
暗い性格を明るくしたい？
人見知りを直して、社交的になりたい？
それとも、怒りっぽい性格をなんとかしたいですか？

欠点は、自分にとって不都合なもの（朝、起きられないため毎朝遅刻する、とか）もも

ちろんあるけれど、自分をなかなかアピールできない、逆に押しが強すぎるなど、対人関係に影響するような欠点もあります。

だから、みんなそれを直そうと努力するし、自分にどんな欠点があるのかは、できれば他人に知られたくはないので隠そうとするものです。

アメリカにジョセフ・シュガーマンというダイレクトマーケティングの世界で大成功を収めた伝説的なセールスマンがいるのですが、彼は、ブルーブロッカーというサングラスをテレビ通販で2000万本以上も売って話題となりました。

このサングラスは、かけるとものが3D効果を帯びて見え、視力が改善されるなど確かにキャッチーな魅力のある商品でしたが、では商品スペックがよければ彼のように誰もが2000万本も売ることができるのか？　というと決してそうではないはずです。

彼の販売手法には、心理学に基づいた様々な戦略が隠されていました。

その手法はまさに「**心理術**」。人の心を思いのままに操るメンタリズムとも多くの共通点があるのです。

テレビ通販だけでなく、チラシやダイレクトメールを介して様々な商品を数多く販売してきた彼は、こう言っています。

「商品に付随する欠点は、真っ先に伝えてしまえ」

欠点なんて、客には気づかれたくないし、できれば素知らぬ顔をして売りぬきたいというのが普通です。そもそも欠陥商品ではないのだから、欠点くらい人それぞれの価値観で気になる人も気にならない人もいるはずです。

ちなみに、自分の欠点に関しても、同じように私たちはできるだけ隠して他人と接していますし、「欠点は直すな。受け入れろ」などと言われますが、自分では欠点を受け入れることができても、人に会ったときに「やぁ、はじめまして。僕はしつこいのが欠点なんです」と言う人はほとんどいませんよね。

でも、それを先にやれとシュガーマンは言っているのです。

欠点を先に伝えることで得られるメリット

シュガーマンいわく、欠点を先に言うと、ふたついいことがあるのだそうです。

ひとつはまず「**客から信用が得られる**」。

長所やセールスポイントではなく、欠点を先に伝えることで、相手に「誠実」「正直者」というイメージを与えることができます。

たとえば、その商品の欠点を客が先に気づいてしまったら、どうでしょう？

売る側としては相手が気づいたことを無視するわけにはいきません。そして当然、その欠点をフォローする側に回らなくてはいけなくなります。そうすると、どうしたってフォローは言い訳に聞こえてしまい、結果、相手からの不信感につながってしまう……。

だからシュガーマンは、「最初に言え」と言うのです。

2つ目の利点は**「長所のプレゼンができる」**。

欠点を先に言うことで、なぜ長所のプレゼンができるのか？

それは、**欠点をひっくり返すストーリーをちゃんと用意してあるから**なのです。

あなたはまず商品の欠点を相手が気づく前に伝えることで、相手との間に信頼関係を作り、話を聞いてもらえる環境を作りました。だから、あなたに対する客の信頼度は上がり、あなたの説得力も高まっています。

だからこそ、そこで長所をなにげなく意図的にプレゼンすることができるのです。

シュガーマンは、大胆にもこんなふうに言ったのだそうです。

「見てください、この商品。ダサいでしょう？」

ダ、ダサい？　そんなこと言っちゃダメじゃない？　そう思うかもしれませんが、実は**人は正直なことを言う人の言葉には注目するという傾向があります。**

言われたほうは「あぁ本当だ、ダサいわね」とちょっと笑い、そして相手が本当のことを言っていることが確認できると、

「ちょっと話を聞いてみようかな」

と心を開くのです。

そこがチャンスです。

けなしたすぐそのあとに、

「でも、この商品はこんな素晴らしい機能がついているんです」

と、ようやく商品スペックの話に入ります。そして、

「この機能が可能になるのも、実はこの一見ダサく見える部分にすごい仕掛けがあるからなんです。つまり、この部分がなければ画期的な機能も可能にはならなかったのです」

と、**商品のダサさをひっくり返して魅力にしてしまうという方法**を展開するのです。

これによって、なるほどデザインは悪いけれど、性能はいいんだなと相手に思わせる。さらに、最後にはそのダサい部分も性能を上げるのに一役買っていたのだという話に結びつけられるわけです。

自分の欠点もまた、先に相手に言ってしまう

これはあなた自身を売り込む方法としても十分に使えます。

自分の欠点を先に相手に言ってしまい、正直な人だなと思ってもらったあとに、欠点を補《おぎな》うような長所をさりげなく盛り込んで信頼関係を作るのです。

〝パッケージのデザインは悪くても性能がいい商品〟のように、たとえば、

「服のセンスがまるでなくて見てくれはよくないですが、ショッピングにあまり出かけなかった分、料理は得意です。家庭料理なら任せてください」

と、「料理」という要素でアピールしたり、

「背は低いしスタイルも悪い。顔も十人並ですが、だから誰よりも努力してやろうと思い、成績はトップです」

と「能力の高さ」をアピールしたりすることもできるかもしれません。

強引すぎる自分を仕事関係でアピールするなら、

「押しが強く、頑固なところが欠点ですが、その分、ヘコまないのでバシバシ鍛えてもらえたら伸びるタイプだと思います」

などと言うのもいいかもしれません。

欠点というと、つい「ここはダメ、ここもダメ」と自分を責めがちですが、「ここはダメ、だからこういうことを心がけている、こういう努力をしている」ということを一緒に伝える、そして、欠点を「隠す」のでも長所へと「直す」のでもなく、相手に正直に伝えることが重要なのです。

特に、**のちのち相手が気にしそうな自分の欠点は、あえて先に伝えること**です。もちろん、うまい言い方をしたほうがいいと思いますが。

同時に「長所」も知っておく

さらには、自分の長所を知っていたほうがいいでしょう。

僕ら日本人は、意外と自分の長所を知らないような気がします。直したいところはいっぱい書き出せるけれど、あなたの長所ってなんですか？　と聞かれたら、たぶん欠点よりも挙げるのは難しいと思われます。

欧米人は自分で自分のことを魅力的な人間だとてらいもなく口にしますし、日本人相手に会話が成り立たなくても平気で「日本語を話せる」と言ったりします。国民性の違いなのですが、では謙虚な日本人のほうがいいのか？　と言われると疑問です。

客観的に自分を見る意味も含めて、たとえば友達とお互いの長所を書き合ってみるのもいいかもしれません。探す努力は必要ですよね。

そうすると、自分が欠点だと思っているところも、見方を変えれば長所として見えてくることもあります。

たとえば、「押しが強い」ところが欠点だと思っている人は、見方を変えれば「意志が強く、根性がある」とも言えます。あるいは、「優柔不断」は「気配りができる」とも言い換えられます。

欠点をひっくり返して言い換えることで、意外な側面が見えてきて、自分の魅力、長所に気づくこともあるのです。

「この製品はデザインは悪いんですけど、性能は素晴らしいんですよ」

と言うのと、

「この製品は性能はいいんですけど、デザインはダメなんですよ」

どちらのほうが聞き手にいい印象を与えるかといったら、最後が肯定で終わる前者のアピールのほうが相手にいい印象を残します。これは言い方のテクニックとしてもすぐれた方法です。

欠点は、つい人にバレないように覆い隠そうとしたり、ごまかそうとしがちですが、見えないようにいろいろなものを積み上げるからかえって目立つのです。そうするとますます怪しくなる。

だから隠すのではなくて、先にマイナス部分をポンと出してみましょう。そして、それを〝ひっくり返して魅力的に見えるストーリー〟と一緒にして、自分をアピールしてみてください。

メンタリストDaiGo流「逆転の発想術」①

先に伝えれば、欠点はあなただけの武器になる。

集中力を上げたい！ あなたのための「逆転の発想術」

最初の5分間に「自分はできる」という暗示を与えると集中力は維持される

集中力は簡単に鍛えられる！

一口に「集中力を上げたい」と言っても、集中力というのは生まれ持った能力なので、どうにもならないと考える人は多いのではないでしょうか？　しかし、**集中力は筋肉と同じように鍛えれば上げられます。**逆に言えば、鍛えなければ自然と上がるものではありません。

集中力は鍛えられます。というか、言ってしまえば「**慣れ**」なのです。

人間が〝集中している〟とき脳の状態がどうなっているかというと、通常の活動時には脳のいろいろな部位が忙しく動いているのに比べ、ほとんど動かなくなります。

一定の部位に血が集中している状態を、文字どおり「集中」と言うのですが、この状態はつまり、一箇所に血が送り込まれているということです。一部分ばかりが使われているわけですから、それをつづけていれば脳は次第に疲れてきます。

集中力が途切れたら、勉強や作業をやめればよい……ならいいのですが、普通はそうはいきません。だから、何時間も机にへばりついて頑張ってみたり、気分転換をはさんだり、あきらめて翌日に持ち越したりするわけですが、先ほども言ったように、集中力というのは日頃から鍛えておかなければ、あっという間に脳は疲労を感じ、集中力は完全に途切れてしまいます。

では、どうやって「慣れ」を作るのか。その方法は簡単です。

まず、**自分が絶対に集中できる時間を決めてください。**

たとえば20分としましょう。そして、その20分間の間に何か（なんでも構いません）に集中することをまず実践します。人間がひとつの習慣に慣れるまで21日くらいかかると言われているので、**20分集中することをまずは21日、3週間ほどつづけましょう。**

もし、これを読んでいるのがお母さんやお父さんで、自分の子どもに集中力をつけさせたいというなら、5分という短い時間から始めてもいいでしょう。

それを21日つづけて、その時間内、問題なく集中できるようになったら、少しずつ時間を延ばしていくのです。20分から30分に、30分から40分に。少しずつ延ばしていくと、90分ぐらいまでは無理なく集中力がつづくようになります。集中力という筋肉を鍛えるようなものですね。まさに、僕が学生時代、勉強していたときにやったのが、この方法です。

自ら編み出した「集中力訓練法」

僕自身、最初から集中力があったわけではありませんでした。

校内で成績が下から3番だった中学生の頃は、家ではまるで勉強しませんでした。というか、下から3番目ですから、今思えば、学校でもちゃんと授業を受けていたのだろうか？と思うほどです。

復習もせず、かろうじて試験前には家で教科書や問題集を出しはするけれど、座って何かをやり始めても、5分も経つと他のことが気になってしまうタイプでした。気がついたらいつの間にかテレビを観始めていることがほとんどだったのです。

自分に「集中力」などというものがあるなんて思ってもいなかった中3のある日、まず自分の勉強時間を5分から少しずつ延ばしてみよう！　と思い立ち、実践してみたのです。結果、これが集中力の訓練につながりました。

それと同時に、机の上のものを片づけました。

机に座ったときに、なるべく**視界にものを置かない**ように心がけました。図書館や喫茶店、新幹線や飛行機の中だと集中できるのは、いつもの場所ではないということもあるけれど、よけいなものがないというのが一番の原因ではないかと思ったのです。

机が散らかっていると、作業効率は間違いなく低下します。いろいろなものが目に入れば、気は散り、集中力が阻害される原因も多くなります。

ということは、同じ時間、机に向かっていても作業効率は悪くなり、予定している時間では終わらず、より長くやらなくてはいけなくなるのです。

集中力を鍛える、机の上を片づける。これらを徹底しても、どうしても集中できないときが僕にもときどきありました。そこで、それはどういうときかを検証してみたら、作業を始めた最初の5分の間に中断が入ったり集中が途切れたりしたときだとわかったのです。

つまり、**最初の5分が肝心**なのだと気づいたのです。

さらに言えば、最初の5分で集中を途切れさせないだけでなく、作業がサクサクとうまく進んでいることも重要です。最初の5分に難しい問題でつまずいたりすると、集中力もそこで途切れてしまいます。だから、**作業を始めた最初の5分は、ごく簡単なこと、深く考えなくてもできることに着手して、一定のリズムを作るのが大切**です。

僕は今、90分をワンセットにして勉強をしたり作業をしたりするのですが、最初の5分間に集中が途切れなければ、90分間はストレートに集中できます。

当時の僕がやっていたのは、最初の5分間でその前にやったこととの復習、あるいは単純計算問題に取り組むことでした。簡単な足し算や掛け算のドリル、当時流行《はや》っていた脳トレなどで脳を活性化するのです。**脳にも準備体操が必要**だと思ったからです。

今は、勉強や作業をする前には、スマートフォンのアプリの足し算や、最近僕の中で流行っている「インド式計算マスター」の2桁《けた》×2桁の掛け算などで「準備体操」をしています。数学が苦手という人は、音読やアプリの漢字書き取りなどでもいいでしょう。

仕事場なら、ごく簡単な作業系の仕事をします。たとえばコピーを取って資料を作成したり、定型文を使って完成するようなメールを送ることを5分間やり、そこからクリエイティブな作業に徐々に入っていくのです。

この最初の5分間は、脳の準備体操という意味合いと、あとは「自分に対する成功体験の暗示」の意味があります。**この5分で自分はできるという暗示を自分に与えるから、モチベーションが維持される**のです。

「もうちょっとやりたい」というところで、あえて10分休む

僕が90分をワンセットにして作業すると先ほど書きましたが、集中力の限界は人それぞれ。その時間の見極めを僕はこんなふうにしています。

たとえば、100分くらい集中できるとしましょう。そうだとしたら、これを7〜8掛けして、70分から80分集中したら、休憩を入れるようにするのです。

集中力も腹八分目……じゃないですが、**限界の八分にとどめて休憩を入れるほうが、あとあとの効率がいい**と思うからです。

集中力が途切れる前に作業をやめると、「もうちょっとできたのに」とか「キリのいいところまでやりたかったな」などと、どことなくものたりなさを感じます。その、「もうちょっとやりたい」という欲求をとどめたまま、あえて10分休むわけです。そしてまた5

分間のウォーミングアップをはさんで、70分から80分作業をする。

ドラマでもなんでも、もうちょっと観たいところでコマーシャルが入ったり、次回につづいたりするから「また観たい」と思うのです。食事でも、お腹いっぱいになるよりも、ちょっとだけ少ないからもう少し食べたいと感じるし、外食ならまたこの店に来たいと思うんですね。

脳も同じだと僕は思っています。最初はやる気を出して、よしやるぞと思っても、2時間とか3時間、ぶっ通しでつづけたら、だいたい飽きてきます。

集中力は、いったん切れると回復に30分ほどかかるとも言われていて、飽きたらそれで終わりです。

だから、**飽きる前にやめて、「もっとやりたい欲求」を作ってから、もう1回スタートする**のです。5分間のウォーミングアップを経て、80分集中、10分休憩。これを2回繰り返せば、実質時間は160分ですが、3時間ダラダラやるよりもはるかに効率よく進むはずですので、ぜひ試してみてください。

「集中力」というものを、「集中できるときはできるけど、できないときはできない」と感覚的にとらえている人も多いと思います。

でも、なんとなく作業を始めて、「ああ、疲れちゃった。なんだか集中できない。今日はもうやめよう」というのでは、あまりにも漠然としすぎていませんか？　そのままの考え方で一生を送るのはもったいないような気がします。

やり方さえマスターすれば、どんな状況でも人は集中できるのです。**漠然とした状態の中にいる人は、まずは今、自分がいったいどのくらいの時間集中していられるのか、それを把握することから始めるといい**でしょう。

自分のサイクルをきちんと理解しておくことで、作業効率は絶対的に上がっていくはずです。

メンタリストDaiGo流「逆転の発想術」②

飽きる前にあえてやめれば、集中力を鍛えられる。

やる気を出したい！あなたのための「逆転の発想術」

やる気が起きたときの行動を記録し、それを再現してみる

「ジンクス」や「トリガー」を上手に活用する

「やる気スイッチ」を探してくれる塾、というのが世の中にはあるようです。自分の「やる気」を引き出すために、あれこれ考え、努力する人は多いのかもしれません。

やる気が出る条件は、人それぞれ違います。

もしかしたら**やる気は適切な環境を整えてあげるだけで、出てくるもの**なのかもしれません。

自分の中で「たまたま出た」と思っている「やる気」はいつ、どこで、何をしていたと

きに出たものなのか。それを探し、再現すればいいのです。つまり、自分のパターンを観察することが必要だということです。

この感覚は、どこか「**ジンクス**」に近いかもしれないですね。

ジンクスは迷信のように言われることがありますが、それはなぜかと言うと、ジンクスの多くが科学的に証明できないからです。

しかし、世の中の成功した人たちや、スポーツ選手のような極限の戦いをしている人たちは、ジンクスを大事することがすごく多いようです。

たとえば、元プロボクサーの具志堅用高さんは、試合直前、計量後のごほうびとして毎回アイスクリームを食べていたそうです。

ですが、現役最後の試合となった14回目の世界王座防衛戦では、時間がないと言われ、試合前にアイスを食べられませんでした。そのことが頭に引っ掛かっていたのが負けた原因だと話していました。

科学的に考えたら、試合の直前にアイスを食べて体を冷やすのはどうなの？　と思うでしょう。

しかし、本人の中ではそれがひとつのルーティン、つまりジンクスになっていたわけです。それゆえ、アイスを食べないことで「何かが足りない」という強い思い込みが働き、メンタルの思い込みがもたらすマイナス要素が強くなったわけですね。

だから、**人によってジンクスはすごく大事**だと思います。

行動の引き金になる事柄という意味で、僕はこれを「**トリガー**」と呼んでいます。

そして日常生活で、ものすごく集中していたとき、また目覚めがよかったとき、何かがうまくいったときなど、自分がそのときに何をしていたのか、どういう状況にいたのかなど「トリガー」となったポイントをメモするようにしています。

これによって、自分が朝起きてベッドから降りたあと、リビングに行くのか、もしくは洗面所に直行するのかの違いで、次の行動が大きく違ってくることがわかるようになりました。

たとえば一日の初めにまずリビングに行くと、パソコンをいじってしまったり、本や資料など何かと見るものややることがあったりして、ダラダラとしやすくなる傾向にあります。

ところが、初めに洗面所に向かうと、顔を洗い、髪をとかし……と出かける準備に入ることがすんなりとできます。行動も早くなり、そのあとリビングに行ってもダラダラせず、「出かけるまであと2時間あるから、その間にこれをやっておこう」と無駄なく行動ができるのです。

それがわかってからは、予定が詰まっている日は、起きたときにまずリビングには行かず、必ず洗面所に行くように気をつけたり、逆に、今日は一日ゴロゴロしようと決めている日には迷わずリビングに向かったりするなど、予定どおりの行動ができるよう「やる気」をコントロールできるようになりました。

僕がここで言っている「ジンクス」や「トリガー」は、具志堅さんのアイスクリーム同様、世の中から見て〝正しい〟という必要はまったくありません。**自分にとって正しければそれでいい**んです。

朝起きて、「コーヒーじゃなくミルクティーを飲んだのがよかったんじゃないかな？」と勝手に思い込み、再度ミルクティーを飲んで、やる気が出たりうまくいった体験が一度でもあれば、それはあなたのジンクスになります。本当に「それ」が原因ではなくても、原因だと信じることができればなんでもいいんです。思い込むことができれば。

ですから、**自分のやる気が起きた、そのときの場所や環境、とっていた行動などを記録して、できるだけ再現してみるのがおすすめ**です。

僕は、何時から何時までどんな行動をとったかを全部タイムラインにしてくれる、スマートフォン用のアプリを活用しているのですが、人によっては、ツイッターで行動を細かくつぶやいたり、口頭で録音できる日記みたいなものをつけたりしてもいいと思います。

うまくいく流れやリズムを把握して、その流れを再現するわけですね。

モチベーションを自ら設定せよ

やる気が出てうまくいったときの行動を把握して再現する方法以外にもうひとつ、「**結果を出すのにふさわしいモチベーションを設定する方法**」もあります。

僕には東京大学に入った同級生がいるのですが、彼は志望校を東大に絞ったあと、「勉強にやる気が起きない」と悩んでいました。

どうやったらやる気が起きるかなと言うので、彼に僕は「モチベーション設定」の方法を教えたのです。

彼には当時、付き合い始めて間もない彼女がいました。なので、その彼女に「もし東大に受かったら、僕の望むものをプレゼントして欲しい」と言えとアドバイスしたのです(もちろん、男同士の会話ですから、そこはもう少しストレートな表現でしたが)。

彼女からOKをもらったのち、彼は人が変わったようにガンガンと勉強し始めました。東大の理学部数学科の学生や卒業生によって設立された学習塾「SEG」にも通い、かなり高度な数学や物理も学んで、その結果、彼は見事に一発で東大に合格しました。

彼の場合、「モチベーションをあおる目標の設定」が最高にうまかったと思っています。ちなみに、それを教えた僕はちょっとした手違いで東大の受験すらかないませんでした。それは僕が持っていたモチベーションが目標達成には弱すぎたからです。つまり、モチベーション設定に失敗したのだと思っています。

僕自身も東大に入って自己実現するんだという欲求はありましたが、それだけでは漠然としていて弱かったのです。東大に入るという目標を果たす前に、中学から高校にかけて自分をある程度変えることができた、そのことで満足してしまっていた。だからダメだったのだと思います。

これは、**モチベーションの内容が目標を達成できるかどうかを左右する**といういい例です。やる気が出ないと言っていた当時の彼は、僕よりも成績はよくなかったはずなのですから……。

メンタリストDaiGo流「逆転の発想術」③

うまくいったときの条件を再現すれば、やる気は引き出せる。

記憶力をよくしたい！あなたのための「逆転の発想術」

「思い出し、それを活用する訓練」を積んでおかないと記憶力は高まらない

■「覚え方」と「思い出し方」を分けて考える

ご存じの方も多いかもしれませんが、僕は勉強が大好きです。知識欲が旺盛……と言われればそれまでですが、特にここ1、2年は、人生で最も多くの本を読み、ときには興味のある講座に出席し、様々な人に会って知識を吸収している時期と言えるかもしれません。**知識は決して自分を裏切らない、**これが僕の持論です。

プロローグで成績が全学年で下から3番目だったという話に触れましたが、「勉強があまり好きではない」と思っていた頃を振り返ると、基礎的なことがわかっていなかったため、「嫌い」ではなく「わからない」→「だから『嫌い』だと思い込んでいた」という図式だったと思います。

また、勉強をしても覚えられない、成績が上がらないという時期もありました。それがつづいたことで、勉強の仕方が悪いんじゃないか？　という考えにいきついたわけです。

実際、同じクラスにも、

「アイツは全然勉強していないのに、どうして成績がいいんだろう？」

と思うような友達もいました。そして、その彼を観察するうち、

「勉強の仕方が大事なんじゃないの？」

ということに気がついたのです。


勉強の仕方を研究していくうちに、**「覚え方」と「思い出し方」がある**ことがわかりました。

「何かを覚えたい」という人は、いつ使うかわからないものをやみくもに記憶したいと思っているわけではないはずです。

人の名前、数字、何かの手順……いずれも頭のどこかに保存して蓋《ふた》をしておいても意味はありません。思い出せなくては何にもならないのです。

覚える＝思い出せる、だと思っていたけれど、思い出しやすい覚え方というものがあって、記憶の入り口をすんなり開けるからこそ、自然と出口まで貫通するということではないだろうかということに気づいたのです。

記憶に残りやすい「覚え方」

覚えるときには、記憶に残りやすいように覚えなくてはいけません。それには、

「感情を入れる」
「声に出して覚える」
「何度も繰り返し書いてみる」

といったように、五感の多くを使います。書きながら、しゃべって、さらに体を動かして覚えるとより覚えやすい。これだとずいぶん頭に入ります。

書くことに関して言えば、**記憶に残りやすいノートのとり方**もあります。

時々、ノートをとても美しくとる人がいて、学生時代にも0・15ミリのペンを使って細かい字できっちり書く友人がいましたが、僕からしたら、そんなとり方ではまるでダメです。美しいけれど、まったく効果的じゃない。

ノートは「記録」のためにとるものではなく、「記憶する」ためにとるものです。

ポイントや要点を書いただけのものは、ノートではありません。それは単なるメモです。タスク管理やグループ内での情報共有などには有効だと思いますが、多くの場合、きれいに書かれたノートや箇条書きは役に立ちません。

僕は大学時代の授業では、記録して残しておきたいものはボイスレコーダーを使って録音し、黒板に書かれたものはすべて画像に撮っていました。

あとは覚えるためだけにノートをとっていたのです。

書くときのポイントは、先ほども述べたように**「感情を入れること」**です。

感想とか、くだらないギャグとか、似顔絵とか、ふと思い出した一見授業と関係ない内容など、あらゆる情報を書き込みます。特に、バカだなぁとか、気持ち悪いぞとか、感情が揺さぶられるような言葉を入れるとより効果的です。

僕は今も、**デスクの上に24色の色ペンを置き、絵みたいにメモを書きます。**

絵画って、パッと見ただけでどんな絵かすぐわかりますよね。悲しい絵だな、楽しい絵だなと伝わってくる。でも、それを全部文章に起こしたとしたら、最後まで読まないとその絵についてはわかりません。

文字情報というのは、視覚に比べて情報量が圧倒的に少ないのです。

視覚情報ならパッと見ただけで脳の中の視覚野が瞬時に処理して終わりですが、文字情報の場合、まず視覚野に入り、そこから言語野にいって言語を解析し、そこで初めて意味をなすわけですから、一手順多いのです。だから、その違いは大きいと思います。

色ペンを使うのもそのせいです。

植物っぽい学者の名前が出てきたら、緑のペンでその人の名前を書いたり、北の国の情報にはブルーのペンを使ったり。あとで赤やオレンジ色の記憶の断片が出てきたとき、「確か、あの話は熱力学の授業で聞いたんだ」と、ノートを見なくてもわかるわけです。

とにかく、このようにして**ノートの上に自分の感情に結びついた記録を残す**わけです。

学生時代は、参考書も2冊買って、1冊は自分のノートのようにグチャグチャに書き込みをしていました。1冊まるごと記憶するためです。

この勉強方法で、227人中224番だった成績が、翌年には104番くらいになり、次に70番台に上がって、次は30番台、そして「逆転の法則」に従って、上から3番になったのです。

思い出す訓練をしないと、記憶は「活用」できない

人間の記憶は、頭の中にポコッと入ったら、細かい情報にバラバラにされて収納されるのだそうです。

たとえば「iPad」という情報が頭の中に入ったら、いったんバラバラになって、全部脳の違う場所に保存されます。分かれて保存されたその情報は、それを思い出すときにシュッと集まって、それがある一定値……仮にここでは45個としますが、45個集まったら、「iPad」を思い出せるというしくみなのです。

つまり、20個しか出てこなかったら、

「えーと、四角くて片面が黒いところまでは覚えてるけど、あれは何だったかな？」

というように、「iPad」は思い出せないわけです。忘れてはいないけれど、すべての情報が引っ張り出せないせいです。

余談ですが、「iPad」の20個の記憶と、他の20個の記憶が混ざって出てきたらどうなるか？ というと実はそれが新しいアイデアになるのです。たとえば、

「四角くて、確か白かったよな。裏の部分は銀色で……アルミだった気がするな」となったら、「iPad」とはまるで違うものになる。それで違う製品ができるわけですね。

記憶というのはカオスになるからこそ、新しいアイデアも生まれるという利点もあるのです。

どうしても記憶できないことがあるときは、特に自分が思い出しやすいような感情的な話がそれました。

出来事を絡ませて記憶するといいでしょう。

思い出す訓練を積んでおかないと、記憶というのは出てきません。

何度も言いますが、**「覚えている」ことと「思い出す」こと、その情報を「活用する」ことは、まるで別な次元のこと**なのです。

仕事でも同じこと。仕事のハウツー本とかテクニック本、心理学の本などがいっぱい出ていますが、本を読めば、おそらく覚えることはできます。しかしそういう人に限って、それらの知識を日常生活の中で使えていないのです。たとえば僕が話す内容を聞いて、「ああ、それ読んだことあります」「知ってます」などと言いながら、僕が言うまで忘れていた、ということが実に多いのです。

心理学の知識で言うなら、当然心理学科の教師のほうが、僕よりもはるかに心理学の知識を持っているでしょう。しかし、コミュニケーション力に関しては僕のほうが絶対的に優れているという自信があります。

知識は持っていても、彼らは使い方の練習をしていない、あるいは知識を思い出す練習をしていないからです。

メンタリストDaiGo流「逆転の発想術」④

記憶力よりも、「思い出し力」が重要。

目標を達成したい！あなたのための「逆転の発想術」

本当に達成したいなら、「パブリック・コミットメント」のワザを使え

「周りに言うこと」で達成率が上がる

目標を達成したいとき、たとえばダイエットでも〝こっそり〟取り組む人がいます。仲のいい友達や家族にも言わず、少しでも自分が変わってから告白しようと考える人。でも、それは考え方がまるで逆です。

その目標があなたにとって達成したいものであればあるほど、なるべく多くの人たちに対して、その目標をいつまでに、どのレベルまで、どんな方法で達成するかを公開してしまうのが重要です。

これを「**パブリック・コミットメント**」と言います。

コミットメント（約束・言質）を公《おおやけ》にすると、そこにはある心理が働きます。それは、みんなに言ってしまったのだから自分が言ったことを達成しなくては、言ったことに沿った行動をとらなければ、という心理です。

周りに言うことで、責任感も生じ、それによって達成率も上がるのです。

起業も、ダイエットも、結婚も、みんなに約束してしまったほうが、早く達成できるというわけです。

パブリック・コミットメントを細かいテクニックとして説明しましょう。

一般的に人は目標を決めたとき、それを達成するために計画を立てますよね。でもいざ行動してみると、当然想定外のことも起こります。するとどうなるか。想定外のことが多いと、人は目の前の問題をどうしたら解決できるかに集中してしまうのです。

つまり、目標の達成ではなく計画を遂行することを目的化してしまう。そして、考えれば考えるほど目標達成が遠くなっていき、机上の空論にも陥りやすくなるのです。そのうち、目標達成自体ずいぶん大変なことのように見えてくるものです。

そこで僕がおすすめするのは、「**すでに目標を達成した未来から戻ってきて、マイルス**

トーンを描く方法」です。

「マイルストーン」というのは、道しるべとか節目という意味の言葉で、通過点でどこまで達成できたかを明確にしておくことを意味します。

特に長期にわたるプロジェクトでは、これがないといったい今自分がどこを歩いているのか、きちんと競技場のトラックの上を走っているのかどうか、わからなくなってしまいます。

この道しるべを「達成した未来」から見て立てることが重要なのです。つまり、**達成するために目標を立てるのではなく、達成したつもりになって目標を立てる。**逆算して考えることで、最終的な目標を達成するには、ここまでにはこれを、ここまでにはこれを達成していなければいけない、ということが見えてくるわけです。

「達成した自分」から逆算して目標を立てる

たとえば年収３００万円の人が、

「5年以内に年収１０００万円を目指します！」

と言ったら、まず考えなくてはならないのが、差額の７００万円をどうやって稼ぐのか？

ということです。そうではなく、

「1000万円を稼ぐ自分が今の年収300万円の自分を見たら、どのようにアドバイスするのか？」

と考えるわけです。あるいは、

「まず1年目には、何をやったのがよかったかな？」

と立場を逆転させて、考えるのです。

目標があって達成があるのではなく、「達成ありき」にして、どうやってそのとき行動したかを考えるわけです。

目標を達成するには、このような「すでに達成した未来からの幅広い視点」がないとうまくいきません。

逆に、その視点と戦略があれば、どんなアクシデントがあっても柔軟に方向性を変えていけるし、そのつど何が足りないのかもわかるでしょう。

年収300万円の人から年収1000万円の人を見ると、そのハードルはメチャクチャ高く見えるけれど、「逆転の発想」だったら、上から下を見られるのでよけいなプレッシャーがなくなります。

たとえば、こんな具合です。

「最初の1年は大変だったな。死ぬ気で働いても400万円しかいかなかった。それから自分なりにやり方を変え、新しいビジネスに乗り出して、そこから爆発的に上がって2倍ぐらいになったんだ。しばらく平行線だったけど、徐々に600万円から700万円になって、それもまた2年ぐらいつづいたけれど、さらに新しい事業を始めて、なんとか年収1000万円が達成できたんだ」

というふうにストーリーを作っちゃうわけですね。そこに少しずつ具体的な肉付けをしていって、達成の方法を考えるのもいいと思います。

いきなりゴールに向かおうとすると、その遠さ、高さに圧倒されますが、すでに達成した自分から見れば、「これは絶対にやっておいたほうがいいよね」ということが客観的に、合理的に見えてきます。

僕が「引退宣言」をした理由《わけ》

少し、僕自身の話をさせてください。

僕は「メンタリスト」という新しい形のパフォーマーとして、2010年から少しずつテレビに出る機会を得ました。2012年には、僕の2冊目の書籍『人の心を自由に操る技術　ザ・メンタリズム』を発売し、それがベストセラーに。その後すぐに『笑っていいとも！』の準レギュラーになりました。

以来、たくさんのテレビ番組に出演し、様々なパフォーマンスを行ってきましたが、僕自身が将来像として描いていたのは、パフォーマーではありませんでした。

メンタリズムを習得したときは大学院生だったこともあり、医学部に編入したいと思っていたので、そのための受験勉強もしていました。テレビやライブで忙しい中、一度挑戦はしたものの、残念ながら合格はなりませんでした。

大学院を中退し、医大浪人生だったある日、最愛の母が癌《がん》でこの世を去りました。自分の将来というものを真剣に考えるきっかけを与えてくれたのが、この出来事でした。

今、**僕が実践しているのも、このパブリック・コミットメントです。**

パフォーマーを辞し、研究者や専門家の道に進みたい、と公言しているからです。

実際、僕は、どの道をたどったらパフォーマーから研究者へと到達できるのか、これを「研究者となった自分の立場」から考えました。

タレントさんからコメンテーターになる人がいます。その人たちは、もちろん知名度がなくてはなりません。あるいは、何かの作品や芸事がヒットして、どこかのタイミングでリ・ブランディングして、タレントからコメンテーターへと転身する人もいます。

将来もし僕が研究者や専門家的な立場としてみなさんの前に現れるとしたら、タレントという立場ではなく、本や企画など何かの宣伝として、コメンテーターというポジションでテレビに出ているかもしれません。

それなら、今、パフォーマーという立場を一度ひっくり返さないとダメだと僕は思いつきました。ここで何か衝撃的な出来事を起こして、パフォーマーを辞めるしかない。「タレントでコメンテーターもやっている」ではなくて、「タレントでもコメンテーターでもないポジション」に行かないと、自分の目的は達成されないと考えたのです。

だから、「引退します」という発言をしました。

そして、あえて公の場を借りて、「研究者やコンサルタントなど、そっちの方向に進みたい」と公言（パブリック・コミットメント）したのです。

辞めたいから言ったわけではなく、これをやりたいんです、ということを発言するためにどうしたらいいかを考えたときに、一度、今の活動に句読点を打つ必要があったのです。しかも、まだいろいろな方々に声をかけてもらっているときだからこそ、言っても大丈夫だろうなと決意したのです。

そして、〝パブリックにコミットすること〟で、自分に責任を課したのです。

その結果、ありがたいことに、そうした自分のやりたかった仕事のオファーがどんどん増えていきました。

「前例」をリサーチし、それをマネする

僕の世代は、ちょうど大学を卒業して3年目。同級生たちに話を聞くと、会社を辞めたい人がけっこう多いようです。

ある友人からその相談を受けたときも、僕は**「未来から来た道筋」**の話をしました。

逆から降りてきて道筋を作る場合、自分が目指すポジションにいる人が以前は何の仕事についていたかを見ると早い、つまり、**前例をマネするとよい**という話です。

1000億円稼いでいる人が目標だったら、前例をマネするのはすごく大変になると思いますが、年収1000万円だったら、会社に勤めていても達成している人たちはたくさんいます。まずはその足取りをマネしてみることです。

さらに、その「前例」についてリサーチしていけば、今の自分に足りないこと、補わな

ければならない点がおのずと見えてくるのです。

逆に、あの人にはこれが足りなかった、だから自分がこれをやれば、あの人を越えられる――そんなふうな見方もできます。マネだけではたどりつけないようなら見方を変えてみればよいのです。

メンタリストDaiGo流「逆転の発想術」⑤

変わりたいなら、目標はなるべく多くの人に公言すること。

僕も「引退発言」で大きく変わることができました。

第2章

心を強くするための「逆転の発想術」

安定感を手に入れたい！あなたのための「逆転の発想術」

変化に慣れていないから不安になる。だったら変化に慣れてしまおう

■この世で変わらないものなどひとつもない

どの歴史を振り返ってみても、**「安定」というものが保証された時代なんてありません。**

もちろん、経済が上昇していた時期は、「これまでなかったものが手に入る」という意味で、高揚感の伴《ともな》う「安心感」はあったかもしれませんし、昭和のバブル期には、「このまま好景気はつづくはずだ」という幻想を抱いていた人も多かったかもしれません。が、それが事実でなかったことは周知のとおりです。

そして今は、僕の親世代が若かった時代には誰も考えもしなかった、大手証券会社や銀

行、大企業が倒産、合併する時代です。人々の格差は広がり、先行きは不透明になってきています。

大学の現場では、学生の就職希望先ナンバーワンが「公務員」だったり、演習の授業よりも講座を好む学生が圧倒的に多かったりするそうです（それは単位が取りやすいからだという事実には僕もかなり驚きました）。

予測不能な世の中だからこそ、人は「予測したがる」し、あらゆるものが不安定であればあるほど、目に見えない安定を求めるのでしょう。

あなたがもし安定感を求める人なら（求めない人はこの項目は読み飛ばしてくださいね）、どの分野に安定感があったら安心しますか？

経済面？　精神面？　物質面？

不安をなくすために、どんな努力をしていますか？

自分にできること、たとえばお金を貯めたり、投資したり、精神を整える修行を行ったりと、自分の不安を消すためにできるだけのことはやったほうがいいと思います。

ただ、僕はここで一般的な方法とはまるで反対の提案をしたいと思います。

それは、「**不安定であることに、安心できるようになる**こと」です。

この世の中で、変わらないものなどひとつもありません。物理学でも証明できるように、1秒前と後では、すべてのものが変化しています。地上に生きている人間だって、1秒前に比べると肉体的に変化しているのです。

だからこそ、変わらない（ように見える）ためには常に変わることが必須であり、状況や時代に合わせて常に変わっていけるということが、実は一番安心するのです。

変化に慣れていないから、人は不安になるのです。

違う会社に移ったら今と同じ仕事ができなくなるんじゃないかとか、いきなり会社を放り出されて環境が変わったらどうしようとか、別な部署に異動して人間関係に悩んだらどうしようとか……。すべて、〝わからないから〟不安なんですね。

もちろん、人間という生き物は変化を得意とする生き物ではありません。でも、そのままだと変化への対応の仕方がいつまでもわからないままです。だからこそ、**変化に慣れてしまえばいい**わけです。

時代がどう変わっても、自分はいくらでも時代や職業に合わせて変えられる。だから、確かに不安定ではあるけれど大丈夫、つまり、安心だよねという考え方ですね。

脳を変化に慣れさせておく

では、変化にはどうやって慣れたらいいのでしょう？

まずは、**日々の生活をすべて変化させる**ようにしなければいけません。

靴下や下着を全部同じものにするのは、迷うという時間の無駄をなくし時間を効率的に使う意味ではいいかもしれないですが、あえて変えることで柔軟性をつけるというのもいい方法だと思います。

また、駅まで行く道順、通学路、通勤ルートを毎日変えるのも大事です。

バスの時間を1本変えると時間が大幅に変わるという人にとっては、それを毎日変えるのはなかなか難しいですが、駅やバス停までのルートだけでも毎回変えてみるといいでしょう。そのために少し早起きするようになるかもしれませんが、起きる時間を変えるのもまたいいことです。

女性だったら、メイク、髪の色、香りなど、変えられるものは男性よりも多いですね。

毎日が少しずつ変わっているということを常に脳の細かいところに教えてあげて、細かいところを変えることに慣れてきたら、次に大きい変化につなげていけばいいと思います。

日本ＩＢＭや日本マイクロソフト社が導入した、個別のデスクを持たない「フリーアドレス制度」の導入も、そういう意味で言えばすごくいい方法です。毎日目に入る風景も違うし、隣でしゃべる人たちも違うので、新しいアイデアが生まれやすいからです。

ところが、中には、環境が変わってもオープンスペースの同じ場所に自分の荷物を置き、同じようにパソコンを広げる人もいます。変化に弱い安定を求めている人は、席がフリーになったのに同じ場所に座ってしまうのです。

そもそも人間の脳は変化に弱くて、同じものを選びやすい傾向にあります。

席が移動できるのに、できれば移動しないで同じ場所にいたい、あるいは、有休は取れるけど、みんな取っていないしこれまでも取ってこなかったから取らないほうが居心地がいい、などの考え方も同じです。

多くの動物と同様、人もまた、縄張りを作り、テリトリーによって棲み分けをする生き物だということです。

ですから、たとえば同じ席に2日連続いてはいけないとか、毎日必ず違う靴を履かなくてはいけないなど、ときには、強制的なルールを作る必要があるのです。

慣れは自分自身を安心させてくれます。しかし、**脳の訓練という意味では変化に慣れさせておくことは非常にいいことですし、将来的に変化に強くなれる**のです。

何が起こっても大丈夫。どこに行っても大丈夫。そう思えるようになると、新しい環境にも抵抗なくなじめるし、新しい慣習を取り入れる速度も速くなります。

その結果、**変化＝不安ではなくなる**のです。

メンタリストDaiGo流「逆転の発想術」⑥

変化に慣れれば、
不安はなくなる。

ストレスを減らしたい！あなたのための「逆転の発想術」

ストレスは発散してもなくならない。「満たされない欲求」に注目してみよう

発散するのではなく、原因を掘り下げてから消す

よく、ストレスがある人は「ストレスを減らすように努力しましょう」とか、「ちゃんと発散しましょう」などと言われます。

熱すぎないお風呂にゆっくり入って血流を促進したり、スポーツで発散したり、思い切り愚痴を言って吐き出したり。あるいは睡眠をしっかりとる、ラベンダーの香りでリラックスするなど、ストレスを減らすための方法はいろいろあるでしょう。

「ストレスを減らす」といってもかなり漠然としています。中には、ストレスの原因とな

る事柄がいくつもある人もいるのではないでしょうか。

ただ、ひとつ言えるのは、たとえばストレスを発散するためにジムに行って汗をかいても、それは一時的にすっきりした気分になるだけだということです。

そのストレスは必ずまた戻ってきます。

もちろん、ジムに通うことが無駄とは言いません。しかし、**ストレスというのは一度発散したからといって消えてなくなるものではなく、原因を見つけて、そこから解決しないとなくならないもの**だと思うのです。


私たちはつい、今持っているストレスにどう対処するかばかりを考えがちですが、僕がすすめるのは、ストレスそのものを追求して掘り下げてみる方法です。

ちょっと考えてみてください。

そもそも、**あなたは自分のストレスの原因を知っていますか？**

仕事ですか？　だとしたら、具体的に仕事のどんなことですか？　内容ですか？　内容のどの部分ですか？　それとも同僚との関係ですか？　それは誰との関係ですか？　あるいは家族との関係にストレスはありますか？

コーチングの考え方に近いのですが、自分のストレスが生活のどの部分にあるのか、自分にどんどん質問をして、大もとを見つけていくわけです。

物事は漠然としているからストレスになるのです。その「もと」がわかったらそのストレスは必ず消せるはずです。

「質問すること」で解決策がわかる

今はもう大学生になりましたが、ある高校生の女の子からこんな相談を受けたことがあります。

彼女の悩みは、自分は歌手になりたいので大学には進学したくない、どうしたらいいでしょうか？　というものでした。

「進学したくない」と言いながらも、それを僕に相談してくるということは、迷っているということです。そう尋ねると、確かに歌手になるべきか、大学に行くべきなのかを迷っていると言います。

両立はできませんか？　と聞くと、「いや、自分は絶対に歌手にならないといけない」と彼女は頑《かたく》なに答えました。

だから、僕はこう聞いたのです。

「なぜ歌手になりたいの？」と。

このような相談を受けたときのポイントは、**すべて質問形式で相手に聞くこと**です。こうすればいいよとか、アドバイスはしないほうがよいのです。

質問して、相手に選択をさせてあげる。この方法は自分に対してでもできます。事実、僕も様々な迷いや問題を自問して解消しています。

その子になぜ歌手になりたいのかと聞くと、「人に認められたいから」と答えました。認められるために、まず歌手にならなければならない。そして、称賛されたい、拍手をたくさんもらうためにステージに立ちたいと言うのです。

では、なぜ、それほど認められたい欲求があるのでしょう？

そして、「人に認められたい」の「人」というのは、誰のことなのでしょう？

質問に答える彼女の口から出てきたのは、実は万人に認められたいわけではないという事実でした。

彼女は、自分の母親に認められたかったんですね。

年の近い兄弟がいて、親に注目してもらえなかった彼女は、小さい頃から親に認められたい、自分だけを見て欲しいという欲求があったのです。小さい子なら当然の欲求です。

とりわけ彼女は、大好きなお母さんに認められたいと思っていたのです。

そして歌を歌ったら、みんなが注目してくれた。お母さんに褒《ほ》められた。

だから歌手になりたいという願望を持ったのです。


そのことに気づいた彼女は、「母に認められたいという願望は、大学に行って、いい会社に就職したりすることで達成できるかもしれない」と思いを変えました。歌手という目的も持ちながら、大学にも行くと決め、今は両方をやっています。

もし、彼女が悩みの「もと」を掘り下げないまま、周囲の人が安易なアドバイスをして、その結果、彼女が安易な決断をしていたら、彼女は「親に認められていないと思い込んでいること」、また、「自分は認めて欲しいという欲求が強い」ことにも気づかず、原因を見つけるまで一生苦しむことになったでしょう。

歌手になるというのは、親に認められたいという水面下にある欲望の、彼女なりの解決法にすぎなかったわけです。だから、たとえ歌手になることで願望が満たされたとしても、そのあと違う方向で同じ種類の欲望が形を変えて表面に出てくることになっていたはずです。

「満たされない欲求」がストレスになる

話を元に戻しましょう。

原因がわからないストレスは、どんな解決法、対処法を得ても、いずれもその場しのぎにしかならず、いつまでたってもなくなりません。

どんなストレスにも原因があります。

根底に何か原因となるような欲求があるのです。満たされない欲求があり、その欲求が満たされないから、ストレスとなって表に出てくるのです。

満たされない欲求は、いろいろな方向に形を変えて出てきます。

人間関係のストレスとして出てきたり、仕事のストレスとして出てきたり、金銭面に出てくることもあるでしょう。

たとえば、先ほどの彼女のように「認められたい」欲求が根底にある人は人間関係においては「もっと自分のことを見て欲しい」と思い、それが叶わないとストレスになります。

それがねじれた形で表れれば、自分に注目を集めるために、何かの権力や後ろ盾を借りてまでして友人やグループを自分の主導で動かそうとする人もいるかもしれません。

しかし、仕事などそもそも自分の思いどおりにいかないものです。

家族も同じです。旦那の帰りが毎日遅く、子どもが自分一人で育ったような顔をしていることにストレスを感じている奥様は、自分の抱いている理想からはずれてしまっている状況があるから、それが「満たされない欲求」となり、ストレスになっているわけです。

「相手の悩み」を言い当てる方法

このような根本的な人間の欲求の種類は、それほど幅広くなく、しかも世界共通です。

それは基本的に7種類であると、メンタリストの間では言われています。

この7つを提案しているのは、ルーク・ジャーメイ(Luke Jermay)というメンタリスト。

それは、次の7つの頭文字を取って「**THE SCAM**＝インチキ」と呼ばれています。

まず、Tはトラベル。旅行とか新たなる旅立ち、引っ越しなどの意味を含んでいます。

Hはヘルス。健康に関する欲求ですね。

Eはエデュケーション、学歴、教育、そういった分野への悩み、欲求です。

Sはセックス、性にまつわることすべてです。

Cはキャリア。仕事、自身の経歴、履歴にまつわる欲求です。

Aはアンビション。夢、野心、野望ですね。

Mはマネー。ずばりお金。お金に関する欲求です。

これらを、さらにコンパクトにまとめると4つになります。

Hの健康、Aの夢、野心、野望、Rはリレーションシップ（人間関係。ここには仕事での人間関係や、恋愛の問題も含まれます）、Mのマネー。この4つを僕は「HARM」（ハーム、痛手とか損害という意味を持つ言葉）と名づけました。

相手の悩みを占いのように当てるとき、僕はいつもこの4つのいずれかだとまず狙いを定めます。

そして、相手をパッと見て、ある程度、項目を絞り込みます。

たとえば、相手が若い学生だったら、健康問題である可能性はあまり高くありません（もちろん例外はありますが）。そして、その人が扶養家族だったらMのマネーの確率も少なくなります。

そうすると、Rの人間関係か、Aの夢、野心、野望に絞られます。

もし相手が大学3〜4年生なら、Aの将来的なことで悩んでいる可能性が高いですし、1〜2年生だったら、Rの人間関係でしょう。ただし人間関係といっても、仕事をしているわけではありませんから、悩んでいるのは友人か恋人のこと、あるいは親との関係で悩んでいるかもしれません。


そして、素知らぬ顔をして、こう言うのです。

「人間関係で何か悩みがあるような表情をしているけれど、どうですか?」と。

もし、相手がRの人間関係ではなく、Aの就活のことで悩んでいると答えたら、

「なるほど。あなたは器用だから就活はいずれうまくいくでしょう。ただ、仕事で入ったあと、人間関係に悩みそうですよ」

と言えばよいのです。

新しい環境に入れば、だいたいの人は人間関係で悩むでしょうから、その人は「あのときの占いは当たっていた」と思ってしまうのです。これが占い師が使う**コールド・リーディング**という手法です。

つまり、人の悩みというものは、世界共通で男女差でもあまり違いがないということです。だからストレスの「もと」も意外と単純であり、あえて難しくしているのはあなた自身なのです。

それは、絡まった紐《ひも》をほどくとき、こっちを引っ張ってあっちを引っ張ってとやっていくとむしろどんどん絡まってしまうのに似ています。

まずは**自分のストレスになっていることの大もとを見て、その1本を頼りに掘り下げていくことが大切**なのです。

メンタリストDaiGo流「逆転の発想術」⑦

ストレスは発散できない。原因を見つけて初めて解消できる。

怒りを抑えたい！ あなたのための「逆転の発想術」

気持ちを「事実」と「感情」に分けることで、怒りは消える

時間が経てば、怒りの感情が消える理由

「怒り」と聞くと、僕はいつもアメリカの16代大統領エイブラハム・リンカーンの南北戦争時代のエピソードを思い出します。

リンカーンの部下であり、北軍の司令官を務めていたミード将軍は、ゲティスバーグの戦いのあと、南軍を簡単に壊滅させられる機会に恵まれながらも、追撃の指令を拒否しました。

勝利を前に尻込みしたミード将軍に激しく怒り、失望したリンカーンは、ミード将軍に

痛烈な批判を込めた手紙を書きました。

ところが、その手紙は投函されず、手紙はリンカーンの死後100年ほどたったのち、書類の間から発見されたのです。それはリンカーンが出し忘れたものではなく、おそらく机の奥にしまわれていたのだろうと言われています。その証拠に、封筒の表には「署名のない、決して送らない手紙」と記されていました。

リンカーンは、

「人を裁くな、人の裁きを受けるのが嫌ならば」

という言葉を残した人でもあります。つまり、**人を非難したり、自分の怒りを正当化してぶつけたりすることは、相手を力づけることにも、勇気づけることにもつながらない、むしろ、何の役にも立たない**ということをよく知っていたのでしょう。

人間には、感情と論理、両方で考える傾向があり、感情のほうが論理よりも早くまわるのだそうです。

つまり、論理よりも感情のほうが先に表に出てしまい、早い分、失速するのも早いというわけです。よく、「頭にきても5分待てばその怒りが消える」と言われるのはそのためです。時間が経つと感情的な部分が抜けて、「まあ言わなくても別にいいか」と思えるようになるのです。

ただ、一晩寝てもやっぱり納得できないと思う場合には、問題点を明らかにして、ちゃんと相手に伝えたほうがいいと僕は思います。抑える必要はないと思いますね。

しかし、感情に任せて怒りをぶつけても上手く伝わりません。冷静になって事実を見極めたうえで伝えなければ伝わらないのです。だから、怒りを抑えるテクニックが必要になってくるんですね。

怒りを「事実」と「感情」に分けてみる

僕自身はというと、怒りっぽいタイプではありません。怒っても相手が変わるとは思えないので、怒りに任せて何かを口にすることも、怒りを抑制しなければいけないなと反省することもめったにありません。

ですが、それでも人と関わっている限り、カチンとくることは少なからずあります。

そういうときには、リンカーンではないですが**「文字」**にします。

これは、相手に見せたり、送ったりするものではありません。

感情を文字にして、自分の中から一度表に出すわけですね。もっとも、リンカーンは気持ちをコントロールする目的で手紙を書いたわけではないかもしれませんが。

言葉で相手に怒りを伝えると、言っているうちにますます感情的になって怒りが増幅されるという人がいます。しかし、文字の場合、書くというややもどかしい作業が介在するため、感情が出るのに時間差が生まれる気がします。あとで読み直せるという点も大きいですね。

僕が最初にこれをやったのは、頭にきたことを相手に伝えたいけれど、もう夜が遅かったためできない。イライラしたまま一晩過ごすのはイヤなので、以前何かの本で読んだこの方法を思い出し、思っていることを書き出してみたのがきっかけでした。


たとえば、僕に「友達に頼んでいたことが、ちゃんと期日までになされていなかった」という怒りがあったとしましょう。

彼はやったと言っていたけれど、実はやっていなかった、つまり、嘘をついていたとも解釈できる。それについて、相手に言いたいことをどんどん紙に書いていくわけですね。

「嘘をついていた」とか、「やっていないことをどう処置するつもり？」とか。

書くときは、その相手に言っているようなイメージがよいと思います。

「お前はいつもそうだ」とか、「あのときもこうだった」とか、「人にはいろいろ言うくせに」とか、「時間の管理があいまいで遅刻が多い」とか、「この間は僕が食事をごちそうしたのにお礼も言わなかった」とか、とにかくその人への文句が何も出てこなくなるまで書きつづけます。

出てこなくなるまで書き切ると、あれだけイライラしていた感情が収まっていることに気がつきます。

収まったところで、今書き出したものを、「事実」の部分と、自分の「感情」の部分に分けながら見ていきます。

たとえば、

「頼んでいたことを期日までにやっていない」

というのは事実ですよね。これは仕方がない。

「相手はやったと言っていた」

これも事実ではあるけれど、自分が怒っているのは、「相手が僕に嘘をついていた」ということ。そうなると、これはただの「感情」となります。

「いつも嘘をつく」。この「いつも」がくせものです。「いつも」を論理的に分析すると、10回？　20回？　30回？　……などきちんとした数字が出てくるので、そう書き直します。

「あの人は僕に20回嘘をついた」

しかし嘘をついたというのも、真実はわかりません。大事なことは相手に20回嘘をつかれてどうして怒っているのかということ。それは自分の感情を傷つけられたからです。

自分の感情が傷つけられた、これを「事実」ととらえると、ものすごくストレスを抱えることになります。

だから、僕は「傷つけられた」を事実から区別して、むしろ「悲しかった」という明確な「感情」にしておきます。

こうやって見ていくと、「頼んでいたことを期日までにやっていなかった」ということ以外、すべて自分の感情であることがわかります。しかも、問題の本質とはズレているものもある。

本当の問題点だけを見ていけば、そこから怒りが膨らむはずがないんです。そもそも問題点は一点しかないはずなのですから。

余談ですが、人間は事実とそうでないものを混同しやすいですが、混同してしまう一番の原因になっているものが「感情」です。

これがなかなかやっかいで、先ほどの「ストレス」の問題と同様、掘り下げていくと、その人が根本的に持っている問題と結びつくことが多いのは興味深いところです。

怒りは感情のフィルターから一度外に出す

さて、問題点が「頼んでいたことを期日までにやっていなかった」ことだと明確になったら、これをどう解決すればいいかを考えなくてはなりません。

方法はいくつかあります。

相手に何度も言ってやらせる方法、自分でやる方法、あとは他の人にお願いする方法。何度言っても、また同じことが起こることは予測がつきます。そもそも今の状況に陥ったのは、自分がちゃんと指示をしていなかったからかもしれないし、頼みっぱなしで確認しなかったことも原因です。

そこで、自分でやるか、他の人にお願いするのかを迷ったところ、誰にお願いするにしても自分自身がその作業を一度してみなければ適切な指示が出せないのではないかと思い、僕は「自分でやる」ことを選択しました。自分でやってみて慣れてきたら人にお願いすればいい。

ここまでくれば、怒りに任せて相手に文句を言う必要がなくなります。作業は自分でやることに決めたし、人に任せないことで全体の流れを見ることができて一石二鳥です。それに、そもそも、僕が望んでいるのは誰かに文句を言うことではないし、怒ることでもありません。**怒って文句を言いたい人は、怒りの「感情」をただ発散したいだけ**ではないでしょうか。

それ以来、感情を発散しながら問題を解決する方法として僕は「書く」ことにしました。

さらに僕のおすすめは、どんな解釈をしたら自分がラクなのかを考えるということです。先ほどのストレスの話で言えば、事実からストレスは生まれません。ストレスは感情からしか生まれないのです。その感情の部分を自分でうまく区別できれば、ストレスは出てきません。

これが僕がやっている**ストレス・マネージメント**です。いわば病気になってからの対処法ではなく、そうなる前に防ぐという前処置療法です。

事実はいつも物理的なものです。「頼んだ書類が期日までに出ていない」というのは、現実の世界で起きている物理的な現象です。しかし、「**自分の心が傷ついた**」**というのは現実の世界では起きていない現象**です。僕はいつもそんなふうに考えるようにしています。

これで心がかなりラクになります。

このようにして、怒りは感情のフィルターから一度外に出したほうがよいのです。特に紙に書き出す方法は自分一人だけでできるのでとてもおすすめです。

メンタリストDaiGo流「逆転の発想術」⑧

怒りを書き出せば、楽になる。

心を強くしたい！
あなたのための「逆転の発想術」

迷わないための「マイルール」を決めて行動すると心の弱さを克服できる

「マイルール」を作ると心は強くなる

不安は誰にでもあるものです。そして、不安はその不安の原因となっているものをつぶさない限り、なくなりません。

僕は大学院で、人工知能の研究をしていました。「死ぬのを恐れていたから」という理由です。不老不死が欲しかったのです。

あるとき、ノートにこの一生でやり遂げたいことを書き出したのですが、それが400個にもなってしまいました。ひとつの夢を1年で極めることができても、400年かかってしまいます。とてもじゃないけど時間が足りない。それなら４００年生きればいいじゃないか……という、すごくシンプルな思考だったのです。自分がやりたいことを全部やる前に死にたくないと思っていたのです。

自分が死んでしまえば、今、自分が持っている知識はすべて無になってしまいます。でも、人工脳を作ることができれば、自分が死んでもそこに自分の意識を移すことができるし、ひいてそれが不老不死につながる……。

当時の僕には、そんなＳＦチックな夢がありました。

もちろん、すべての不安の原因を解き明かし、それに対する解決法を探すのは無理です。その不安と一生同居していかなければならないことも多いでしょう。

ただ、何かを決めるときにとても迷ったり、優柔不断で心が揺れやすい……そんな傾向のある人は、何かひとつ、絶対に自分が譲れないことを決めた「**マイルール**」を設けておくのがいいと思います。「**これだけは守る**」**というルールを決めておけば、不安はなくなり、決断は早くなります。**

僕もいくつかの「マイルール」を持っています。そのひとつは、

「知識に対しての投資は惜しまない」

というルールです。ですから、少しでも欲しいと思った本は、迷わずにすぐに買います。

また、自分の幸せを作ってくれる要素は、僕の場合、3つあると思っています。

未来のステキな家族と、猫と、本。

これさえあれば、他のことはどうでもいい、というのも僕の「マイルール」です。

さらに、ブランドの服を購入する機会はたまにありますが、あまりたくさんは持っていません。きちんとした服装をしたほうがいいパーティやイベントに行くとき、つまり仕事としての機会にしか着ないからです。高いスーツや靴はそれらを生かす目的があるはずです。逆に目的がなかったら、僕には必要がないものです。だから、なんとなく買ったりは絶対しません。

このように**何をするにも、自分の「マイルール」を決めておけば、そこから逆算して何が必要で何が必要でないかがわかります。**「マイルール」を決めることで、こんなふうに、すべてがそのラインに沿って判断できるようになるのです。

昔の僕は優柔不断なほうでした。凝り性でもありましたから、たとえば空気清浄機を買うときも、

「この空気清浄機もいいけど、もうあと5000円出したら、こっちの空気清浄機も買え

る。こちらの機能も捨てがたい……」

などと、必ず迷っていました。

しかし、「マイルール」を設定することで一瞬で決断することが可能になったのです。空気清浄機を買う場合だとしたら、「○畳以上用のもので、花粉が強力に除去できるもの」という必要不可欠な条件をあらかじめ決めておくことで、自分の条件を店員さんに伝え、出てきたものを迷わずすぐに買うことができるようになりました。

人間関係にも「マイルール」は有効

非常に現実的な話ですが、**人に飲みに行こうと誘われたときも、僕は「マイルール」に沿って考える**ようにしています。

この人と一緒に飲みに行ったら、本を読む時間を削る価値のある情報を自分は得られるだろうか？　飲みの場で仕事に関する恩恵となるものが手に入るだろうか？　もしくは、その相手と意気投合して、損得など考えずただ付き合いたいと思えるようになるだろうか？

その価値を作れそうもない、あるいは、どの可能性も期待できないと思ったなら、潔《いさぎよ》く僕は「行かない」という選択をします。

すごく打算的な人間のように思えるかもしれません。でも、これは自分が優柔不断だった頃に、人の誘いを断るのがとても苦手だった経験がもとになっているのです。

当時、パーティがあるよとか、ちょっと飲みに来てよと言われると、元来の酒好きも手伝って必ず行っていたのですが、テレビに出る機会が増えるにつれ、たくさんの誘いがひっきりなしにくる状態になりました。

何年か前に会い、連絡先を交換しただけの人から「覚えてる？　久しぶりに飲もうよ」と連絡がきたりもします。

でも、正直なことを言えば、その人と飲むために時間を使うのだったら、他にもっと会ってみたい人がいるし、読みたい本が山ほどあります。

だから、思い切って前述のような「マイルール」を設けたのです。

一度断ってみたら、驚くほど心がラクになりました。そのうち誘ってもらったのに悪いなぁなどとも一切思わなくなりました。

毎回断ってばかりいる人には心苦しいので、できれば今後は他の方に声をかけてくださいとはっきり言うこともあります。けれど、そのほうがお互いのためにもいいですから、ストレスもありません。

しかも、うれしいことに、**断るようになったことでより強い結びつきを得ることもできました。** これは断ったことによって見えた発見です。

それまでは、お世話になっている人だから声をかけてもらったらどんなことがあっても毎回行こうと頑張っていました。

しかし、毎回自分がどんなに時間を調整してかけつけても、その気持ちは相手にはなかなか通じないものです。

「あいつは呼べばいつでも来てくれる」

と逆に思われてしまうこともあるでしょう。

ですから、無理して調整しなければ行けないと思うときは丁寧にお断わりして、そしてときどきは行かせてもらうのです。すると、驚いたことに、

「本当は忙しいのにお願いするとこうして来てくれるんだよ。こいつはすごくいいやつなんだ」

と言われることがあるのです。

このように「マイルール」を設けたことで、今まで気づかなかったことも見えてきました。

迷っていると夢や目標が遠ざかっていく

あれこれ迷ったり、ああじゃないかこうじゃないかと悩んだりすることに時間を使うのは、時間がもったいないと思うのです。

迷う先には自分が本当に達成したい「何か」があるはずです。

目的までの過程に時間を割きすぎてしまっては、それはなかなか達成されないでしょう。

だから、**優柔不断でいると夢や目標の達成に遠回りをすることになる**と僕は思ったのです。だったら、迷うことをやめよう、迷う時間を少なくしようと意識するようになりました。これはテレビに出るようになり、忙しくなってからのことです。

日常生活の中でもなるべく迷わないような工夫をするようになりました。

スマートフォンは、今日やることが表示された「To Do List」のアプリが一瞬で起動するようになっていて、上から機械的に処理すればいいように設定しています。

スマートフォンの画面も、横にスライドさせず、基本的に開いたその面だけですべてを処理でき、完了できるようにしています。目的のアプリを探す手間を省くため、また迷わないために、開いた瞬間にすぐ使用したいアプリを起動できるようにもしています。

メールは見たらすぐに返します。もしくは、他にやることがあって、どうしてもすぐに返せないときは件名しか見ません。一度既読にしてしまうと、あとでそのメールを探すのがとても面倒くさいことに気づいたからです。だから、あえて未読のまま残しておくのです。

迷うことが人生の無駄かもしれないと感じている人は、ぜひ「マイルール」を決めて、それに沿って物事を判断するようにしてみてください。

メンタリストDaiGo流「逆転の発想術」⑨

「マイルール」が心を強くする。

イヤな仕事をやりたくない！あなたのための「逆転の発想術」

その仕事で自分が成長できるかどうか考えると楽しくない仕事も楽しくなる

自分の成長になる仕事かどうかに着目

イヤな仕事をやりたくない。それはすごくわかります。

僕も、イヤな仕事はやりたくないです。

しかしそういう仕事にも楽しいところもあるだろうから、イヤな部分だけでなく楽しい部分を探しましょうというのが一般的な意見ではないでしょうか。

でも、自分がイヤだと思っている仕事に楽しいところなんて本当にあるでしょうか？

だから、僕はあえて、そういうイヤな仕事の中にある「**成長**」に注目します。たとえば、うまくそれをこなすことができたり処理することができるようになったら自分が成長できる、自分の能力の向上につながると考えるのです。

イヤだけど自分の力にはなる。つまり、**やることで得られるメリットを探す**ということですね。

僕は請求書を送付したり、資料をまとめたりという、いわゆる事務作業がとても苦手でした。特に、経費の処理は自分ではおそらく一生やらないだろうと思う分野の仕事です。将来、別な会社を起業するときのことを考えても、おそらく専門のスタッフを雇うだろうし、自分はそれ以外の、人にはできないことをやったほうが効率がいいとも思います。

しかし、苦手なことでも一度やってみれば、それが経験になり、経験になれば、それこそが自分の成長につながるはずです。苦手なことをやりきるのは大変です。うまくいかないことが多いですし、やり直したり見直したり非常に労力を使います。だからこそ、できたときに人は成長するのです。

そう考えると、自分の成長になるならやってもいいなと思いますし、イヤだという自分の気持ちも、「成長」や「自分の能力の向上」につながるならと思うことで減っていくのではないかとも思います。

余談ですが、僕の知り合いは「請求書を出す」という作業にものすごい達成感を覚えるのだそうです。

その人は「仕事が終わったとき」がゴールなのではなく、その締めの作業としての「請求書を書いて、それをポストに投函すること」までを「仕事」としてとらえ、投函するときがゴールだと意味づけたのです。

「イヤだ」という呪縛から逃れる方法

実は、テレビに出始めの頃、パフォーマンスをやることがとても苦しかった時期がありました。

もし、そのとき、この仕事をすることが結果的に自分の成長になるということに気づかず、今楽しいかどうかということだけに注目してしまっていたとしたら、「楽しくないな」と思った瞬間にやる気が失せ、仕事の依頼を断ったり、あるいはその仕事自体、やめていたかもしれません。

でも僕は、あえてそれをやることで自分が成長できるポイントを探し、「イヤだ」という呪縛から逃れることができました。つまり、仕事なのだから楽しくなくてもいいと思えるようになったのです。

逆に、そんな**楽しくない仕事も、自分のプラスになると思うことで、だんだん楽しくなっていきました。**

さすがに、自分の成長にならず、しかもそれが楽しくないことだったら、僕も断ったり、自分以外の人にお願いをしたりしていたかもしれません。

けれど、そうしていたとしても、それもまた自分の成長につながるのです。

自分以外の人にお願いした場合、人にお願いするためのコミュニケーション能力が上がるだろうし、交渉力もおそらく上がります。

さらに、そのようにして他の人にお願いすることに成功したら、そういう類《たぐい》の仕事が再度きたときにまた人に投げることができるようになる。

いずれにしても、「仕事」という行為を通じて、自分を成長させることは可能なのです。

仕事は「好き」か「嫌い」かではなく、いかに自分の成長につなげるか。

仕事について悩んでいるときは、まずこれを考えたほうがいいと思います。

メンタリストDaiGo流「逆転の発想術」⑩

自分の成長につながれば、イヤな仕事も楽しくなる。

第3章

ピンチをチャンスに変えるための「逆転の発想術」

その場の空気が読めない！あなたのための「逆転の発想術」

空気は他人に合わせるために読むのではなく、自分で変えるために読む

空気は読めなくても構わない

その場の空気を読む。

その逆の「ＫＹ＝空気を読めない」という言葉が、女子高生から生まれたと知ったとき、不思議な感覚を覚えましたが、集団の中で節度を重んじる日本社会ではとても大事なことなのでしょう。

そもそも、「空気を読む」ってどういうことでしょう。

集団、あるいは複数でいるときに周りの反応をうかがい、そこから浮いたり反感を買ったりしないために他人に合わせようとする行為です。

もちろん、会社の新入社員とか、部活の新入部員など、自分が新人だったり年下だったりするときは、入る前からすでにそこに存在する空気を読まなければいけないこともあるでしょう。あまり言いたいことを好き勝手に言っていると、ちょっと浮くんだなと感じることもあるかもしれません。

ここで少しメンタリズムの話をしましょう。

メンタリズムは、人の思い込みを利用するパフォーマンスです。

金属は硬い、人の心は読めないなど、人間はそもそも持っている強い思い込みに支配されています。だから、**「これはこういうものだ」「こういうときはこうするものだ」という考えが浮かんだら、それは事実なのか？　自分の思い込みではないか？　と、一度自分に聞いてみることをおすすめします。**

僕自身もあまり空気は読まないほうですが、もしもあなたが、

「ここは空気を読んで、周りに合わせないといけないんじゃないか？」

と思ったら、その瞬間、

「いや、待てよ。それは自分の思い込みなんじゃないか？　集団の全員がある思い込みに支配されているのではないか？」

と考えてみることが大事です。

空気は、「合わせるために読むもの」ではなく、自分で「変えるために読むもの」だと思うのです。

今、こういう空気だから、じゃあこういうふうに変えてみようとか、今、こういう空気にいるから、こういう流れが足りないんじゃないかとか。そういう作業をやるために、読みが必要なんじゃないかなと思うんですよね。

周りの人間に合わせるために空気を読むというけれど、それは違うと思います。

空気が読めなくてもいいのです。人に合わせなくたっていい。自分が空気の流れを作ることができればいいと思います。

「場の空気」を自分で作ってしまう方法

僕の尊敬する漫画家の荒木飛呂彦先生が描かれた『ジョジョの奇妙な冒険』の第7部にあたる「SBR（スティール・ボール・ラン）」には、第23代アメリカ合衆国大統領であるキャラクターが言った、こんなセリフがあります。

円卓の上に、ナプキンが置いてあります。

「きみはどちら側のナプキンを手に取る？　左側のナプキンかね？　それとも右側のナプキンかね？」

テーブルマナーの本に従えば、右側が正解です。でも、大統領はこう言います。

「それも正解だ。だが、この社会においては違う。『宇宙』においても……と言い換えていいだろう。正解は、『最初に取った者』に従う、だ」

つまり、最初にナプキンを取った人によって、どちら側のナプキンを取ればいいかが決まるというのです。

最初の人が右側を取ったら、全員が右側のナプキンを取るし、最初に左側を取ったら、全員が左側を取らざるを得ない。だから、常に最初にナプキンを取る人間にならなければならないと作品中で言いつづけます。

最初に行動した人が主導権を握れ、その人が空気を作る。

会議でも最初に発言した人がそのあとも発言しやすくなり、挨拶も先にしたほうが主導権を握ることがたやすい……というのは、僕の2冊目の著書『人の心を自由に操る技術ザ・メンタリズム』（扶桑社）にも書きました。ですから、**発言は誰よりも先にするのが**

いいし、誰よりも早く挨拶はするべきなのです。

空気を作るということで言えば、「**座る位置**」でも作れます。

アメリカの心理学者スティンザーが発表した「座る位置と議論の関係」の論文によると、過去に議論で戦ったことのある相手は正面の席に座る傾向があるのだそうです。つまり、敵対している人やものを申したい人は、対面に座りやすい。反対意見やストレートな意見を言いたい！　という相手は、無意識に正面の位置を選択するということですね。

一方で、自分の隣に座った人は、目を合わせる機会が少ないので、話を素直に聞いてしまい、自分と同意見になりやすいそうです。ただ、思考が浅くなるとも言われていて、そんな人はあとでその意見をひっくり返すこともあるといいます。

さらにL字角で相手の90度の位置に座った人は、視線を合わせるのもはずすのも調節しやすいので、本音を話しやすいのだそうです。

スティンザーの法則には、「自分が何か発言したその次に出てくる意見は、その意見に対する賛成意見よりも反対意見のほうが多い」というのもあります。ですので、事前に人にお願いしておいて、自分が発言したあと、すぐに賛成意見を言ってもらうという作戦が有効です。そうすると全体が賛成に傾きやすくなるからです。

話を自分の流れに引き込むテクニック

また、どんな話でも、なんとなく自分の流れに持ってくるうまい話し方もあります。

メンタリストっぽいやり方ですが、**「バックトラッキング」**（相手が言った言葉をそのまま言い返す手法）を使います。

①相手の言葉をそのままオウム返しのように言い返す
②相手の言葉を要約して言い返す
③相手が使った言葉を話に盛り込む

この方法のいずれかで、相手がどんな意見を言っても、一度、同調してみてください。

「確かにそうですよね。ご意見はこうで、こうで、そういう意見は素晴らしいと思います」

というようにです。そしてそのあとに、

「さらに、こういうことも大事だと僕は思います」

と、あなたの意見をつなげるのです。

文脈はまるで合わなくても構いません。普通だったら「でも」とか、「ところが」という逆接の接続詞でつながるはずの文章でも、あえて「さらに」「そして」「付け加えて言うなら」などを間にはさんで、あたかも同じ意図で言われた言葉のようにして、あなたの思う流れに持っていくのです。

日本人は集団の発言に合わせようとする傾向が強いので、最初にその集団に同調して、一度はその場の空気に合わせておき、人々を味方に引き込んでから、「さらにこうなったら、もっといいですよね」とか、「こうしたら素敵ですよね」などと順接、あるいは累加の接続詞をはさんで自分が考えている提案をしてしまうのです。

また、なるべく**影響力のある人の意見につなげるのもポイント**です。

「さっき誰々さんがおっしゃったように、今後の問題はたぶんこうで、こうで、こういうところにありますから、誰々さんがお話しされたこういう点はすごく大事だと思います。そして、さらにこういう対策もしていかないといけないですよね」

こういうふうに話を持っていくと、みながうんうんと言いやすくなるわけです。

あたかも、**集団の中で出た意見をまとめたように見せて、自分の意見に終着させる、着陸させる**というのが、うまい方法だと思います。

これは「考えや行動が似ている相手とは親密さが増す」という一種の「**同調性の原理**」を使った心理術ですね。

メンタリストDaiGo流「逆転の発想術」⑪

その場の空気は、読むものではなく、「作る」もの。

スランプから抜け出したい！あなたのための「逆転の発想術」

行き詰まったり集中力が落ちてきたときに使える「ＤａｉＧｏ流テクニック」

「行き詰まったら落書き」が有効

行き詰まっているとき、何かから抜け出したいとき、みなさんはどうやって対処しようとしますか？

「今はそういうときだから……」とあきらめますか？

なんとか脱出できるように、ひたすら必死で頑張りますか？

頑張る方法にもよりますが、必死で頑張っても脳はどんどん緊張してしまい、新しいアイデアを生み出すことは難しくなります。散歩に行ったりして気分転換をするのも効果的だとは思いますが、**集中力が落ちてきたとき、考えが袋小路に入ってきたときには、落書き、想像力を使って絵を描くことをおすすめします。**

落書き？　と思う人もいるでしょう。でも、実はこれ、行き詰まっていた状態から脳を解放して、リラックスさせるにはとても大事なことなのです。

たとえば、今、僕の目の前にはリモコンがあるのですが、この裏面がどうなっているのかちょっと想像して紙に描いてみてください。

「思い出す」のではなく、自分が工業デザイナーだったらどうデザインするか？　という視点から、想像力と創造力を使って描くのがポイントです。

表がこういう形状だから、裏はここに乾電池を入れるところがついていたほうが使いやすいかな……などと、機能やデザイン性を考慮して描くと効果的です。

脳の中の特定の部分、たとえば誰かと打ち合わせをしているときに使われている脳の部分は言語中枢です。そのときは「ウェルニッケ野」や「ブローカ野」という大きなふたつの言語野に血液が集中し、そこが活性化しているはずです。

そこで行き詰まったときに、四角とか丸といった文字とは異なる絵を描けば、目からの情報を認識し絵に処理してくれる視覚野、手を動かすための運動野に、擬似的にでも血を巡らせることができ、だから、**脳がほぐせる**わけです。

僕はよく落書きをします。打ち合わせをしているときも、取材を受けているときも、落書きをしながら話をしますし、文章を書いているときも、行き詰まったときには落書きをして文章を書くのとは違う脳の部分をあえて刺激しています。

僕は会社員ではありませんから、決まった時間に出社したり、ルーティンの仕事があったりするわけではないのですが、様々な理由からなるべく変化の多い、行き詰まらない日常生活にするように心がけています。

電話の着信音を定期的に替えるようにしているのもそのひとつ。

ちなみに、これを書いている今、着信音は人の叫び声です。

どんな状況でも、叫び声が聞こえてきたら、それは普段あまりない刺激ですから何か新しいことを思いつくきっかけになりそうな気がしませんか?

そもそも電話というのは、かかってくるタイミングが予測できないものですよね。だからこそ、この「刺激」は使えると思います。ただし、人の叫び声が聞こえてきても、「はいはい、また電話だ」と刺激がなくなったら、替え時のサインです。

アイデアを出すために簡単にできること

何かのアイデアが出るときは、外界から入ってきた情報と、自分の頭の中にすでに持っているイメージが混ざり合って、アイデアになって出てくるものだと思うんですね。だから、行き詰まったときは自分の置かれている環境を変えてみるのも、かなり効果があります。

たとえば、**普段聴かない曲をBGMとしてかけてみる。**

僕は移動中はｉＴｕｎｅｓの中に入っている、「ハーバードビジネススクールの授業」や海外の講義などを聴くことが多いのですが、テンションを変えたい、あるいは新しいアイデアを出したいときには、音楽を使います。普段は聴かないハードロックを聴いたり、さらに行き詰まったら、今度はクラシックにしてみたり。

新しい曲でちょっとでも気に入ったものがあると、こまめに手に入れてストックしておくようにしているのですが、新しい曲を聴くと自分の中に新しい情報が入ってくることになるので、自然とテンションも上がります。

部屋の明かりを替えることも、日常的に取り入れています。

うちの部屋の電気はクリプトン球（クリプトンガスが封入されている長寿命な電球）なので、調光を一番強くすれば蛍光灯のように白い明るい光になるし、調光を下げると白熱電球のオレンジっぽい光になります。

蛍光灯のような青白い光は集中する作業のときだけ使って、気を休めたいときや合間の休憩時間には、時間を長く感じさせてリラックスさせる効果が高い、オレンジのやわらかい光に替えます。

ちょっとしたことですが、**部屋の明かりを替えるだけでものの見え方や印象はずいぶん変わります**。明かりの強さを下げるだけで、脳がふっとリラックスするのを感じることもあるので、これはおすすめです。

調光機能がなければ、天井についている蛍光灯をやめて、ライトやランプの類で部屋を照らすと、かなり気分を変えることができます。

行き詰まったままでいるのは、生産性という面から見ても非効率的です。

気分をどう変えるのか？　と考えるよりも、脳の機能をリラックスさせたり緊張させたりすることでいかに変化をつけてあげるか、そう考えると新たな道が見えてきます。

メンタリストDaiGo流「逆転の発想術」⑫

行き詰まったら、脳をほぐしてあげること。

「お金がない＝不幸」という考えを変えたい！あなたのための「逆転の発想術」

まずはビジョンを持って、どうやったら「稼げる自分」になれるかを考える

お金で買える幸せには限界がある

お金がない＝不幸。

この言葉を聞いた瞬間、すごく皮肉なことを考えつきました。

たとえば、1万円のプリンを美味しいと言って毎日食べている人がいるとします。その人は100円のプリンを美味しいとは思わないし、おそらく100円のプリンでは満足できないでしょう。でも、100円のプリンしか食べられない人は、その100円のプリンで1万円のプリンと同等か、それ以上の満足感を手に入れることができているはずです。

さて、「お金がない＝不幸」なら、逆の「お金がある＝幸せ」という図式は成り立つのでしょうか？

この答えが「NO」なのは、明白な事実でしょう。

お金と幸せはよく結びつけて考えられますが、**お金がない＝（だから）不幸なのではなくて、お金がないために自分の望む行動が制限されるから不幸、あるいは、家族の欲望を十分に満たしてあげられないから不幸**ということなのです。

でも逆に、自分や家族の欲望がすべて満たされたら、あなたは幸せですか？　と言われたら、微妙な感じがしませんか？

もちろん、しなくていい苦労をせずにすんだら、家族もストレスを感じず、笑顔で過ごせる時間が増えるのもまた事実です。でもお金で買える幸せには限界があります。お金がないことをストレスに感じるのも感じないのも、その人の考え方次第ではないでしょうか。

お金だけが幸せじゃない。

そんなことは誰もが口にすることです。もしあなたが、「お金がないから不幸」だと本気で思っているなら、稼げばいい。そして、**どうやったら稼げる自分になるかを考えればいい**と思います。

「そんな理屈はわかっちゃいるけど、でも、お金なんてそんな簡単に稼げない。だから自分は不幸なんだ」

と思う人がいるかもしれません。

「あぁ、もうちょっと金持ちの親のところに生まれてくればよかった」

と文句を言っている人もいるかもしれません。

「私は不幸だ」と言う人はいくらでもいます。「悲劇の主人公」でいたい人は多いのかもしれませんね。

「自分は不幸」で終わらせたいのだったら、その考えで止まったままでいいと思います。文句を言っていても、おそらく今の環境や状況にすでに慣れてしまっていて根本的には変わるつもりがないのでしょうから。

「お金がない」のではなく、「ビジョンがない」

人には順応性や適応性があります。

もしも「お金がない」という人生があなたの人生の大半を占めるならば、いくら口でイヤだイヤだと言っていても、**「お金がない」という状況にいることを快適に感じている**に違いありません。

脳細胞は、年をとるにつれて少なくなっていきます。しかも、使わない脳細胞はどんどん退化していきますから、自分には関係のないこと、経験したことがないことに関する細胞はどんどんなくなっていきます。

つまり、お金がない人生を長く送ってきた人は、「お金がある」ことに経験がないですから、偶然大金を手にする機会を得ても、お金がない人生に戻ってしまう可能性が高いのです。お金があるという環境に、脳が順応できないからです。

もちろん、この順応性によって救われている部分もあります。

金銭的にとても苦しい人がいたとして、これを常に脳が「苦しい、苦しい」と思っていたら、この人は一生苦しい生活を送らなくてはいけないからです。

脳の働きがストレスを和らげてくれているわけですね。

たいていの人は、住めば都じゃないけれど、貧しくても、なんとか毎日食べていけるという状況なら、このままでもいいかな？　生きていけるかな？　と思うのです。

逆に、今いる状況が本当に我慢できないなら、なんとしてでも抜け出す努力をしているはずです。それもまた人間なのです。

お金がない、お金がないと言っている人、けっこう僕も見てきました。けれど、**お金がないと言う人たちは、実際のところ「お金がない」のではなくて、ちゃんとビジョンを持って、それに沿った行動をしていない人が多い**のです。

自分はこれぐらいしか稼げないとか、今の収入を基準にして、1000万円とか2000万円を稼ぐなんてできるはずがないとか、最初からあきらめている。

昔の友人たちに会ったとき、今の僕の状況を誰もが認めてくれましたが、彼らが就職するために頑張って履歴書やエントリーシートを書いたりしているときに、僕は心理学の本を読んだり、ビジネスの本を読んだりしていたのです。単にやっていたことが違っただけ、見ていた未来の絵図が違っていただけという話をしました。

もしも、メンタリストが日本に100万人いたら、僕にはこれほどの注目は集まらなかったでしょう。

多くの人たちはそれを考えずに安全策をとったから、今の結果があるだけなのです。

先日、本屋でふと目に留まった『賢者の言葉』(ショーン・スティーブンソン他著、ダイヤモンド社)という本によると、どんな素晴らしいセミナーに出ても、学んだことを実行する人は、わずか2％しかいないのだそうです。

考える人はたくさんいます。その中には、いいビジネスモデルを持っている人もいます。それをやろうと思っている人もたくさんいるけれど、実際に行動するのは、わずか2％なのです。

お金がないと言っている人、自分の不幸を人に自慢する人。それを言うのが単に口癖なら別にいいと思いますが、本気でそう思っているなら、**一刻も早くその状況を抜け出す行動をとるべき**だと思います。


メンタリストDaiGo流「逆転の発想術」⑬

幸福も不幸も、すべてあなたが作り出している。

ライバルに勝ちたい！あなたのための「逆転の発想術」

敵対心を向けていても逆効果。相手の懐に飛び込んでしまおう

ライバルとはむしろ仲良くしたほうがいい

仕事でも、恋でも、スポーツにおいても、今ライバルがいる人は、どうしたら自分がその相手に勝てるのだろうかと考えたことがあるでしょう。

自分が一番になりたい、気になる相手よりも勝《まさ》っていたいという気持ちを満たすために、スポーツならひたすら練習に励む、弱点を克服するためにコーチにつく、などというのは正攻法です。

ただ、仕事でも同様ですが、相手と同レベルのことができるのはもちろんのこと、相手

ができないことができたり、やっていないことをやらなければ勝つのは難しい。

では、どうすればいいのでしょうか。

勝ちたいライバルがいるのなら、その相手に敵対心を抱いたり、遠巻きに見たりしているのではなく、むしろ仲良くしたほうがいいのです。漫画『北斗の拳』のように、「強敵」と書いて「とも」と読む、という発想ですね。

そして、その相手がやっていることを探り、しかし絶対に相手のマネをしないで、いかに違うことをやって勝つのかを探るわけです。

「相手がやっていることを探る」のは、周りにいる人たちに聞くのではなく、**本人に直接聞く**のが効果的です。

周囲の人に聞いていると、それがまわりまわって本人の耳に入り、「スパイのようにコソコソと嗅ぎまわっている」と思われかねませんから、聞きたいことがあるなら、堂々と本人に聞いてしまうのが正解です。

しかし、自分が相手をライバルだと思っているなら、相手もあなたのことを意識している可能性は高いはず。だとしたら、何をやっているかなんて簡単に教えてくれないかもしれませんね。
それなら、**あなたのほうから相手に教えてあげる**のです。

まず相手の懐に飛び込む!

もちろん、手の内すべてを見せろとは言いません。しかし、相手に「あなたが実践しているちょっとしたこと」を教えたり、影響を受けた本を紹介したりするなど、とにかくあなたから相手に情報をどんどんと与えることが大切なのです。

情報だけでなく、人脈もしかり、です。

あなたが持っている人脈は、究極的にはあなた一人で開拓したものではありません。だから、人脈というものを自分だけにとどめず、さらに広げることが必要なのです。すると、自分にとっても相手にとっても恩恵《おんけい》が生まれます。

繰り返しますが、大切なポイントは、自分が相手から何か教えてもらいたいことがあるのなら、まず自分からどんどん積極的に教えること。**情報開示はまず、自分から**です。

あなたが相手に開示をすればするほど、相手もあなたに対して情報を開示しやすくなっていきます。相手に「自分にとって重要な情報を教えてくれているのかな？」と思ってもらえれば、相手もあなたにより重要な情報を出してくるかもしれません。これは心理学でいう**「返報性の法則」**の一種です。

人は好意を寄せられたり、相手に何かをしてもらったりすると、それに対してお返ししたいという心理が働くものです。しかし、それは「悪いと思って」という気持ちが無理やり引き出されるからではありません。

たとえば、僕が愛猫の話を始めたら、猫を飼っている人やペットを飼ったことのある人は、つい自分のペットの話をしたくなりますよね。僕が猫の話をしているから「悪いと思って」自分のペットの話をするわけではありません。

だから、**相手が自分の情報を出したくなるまで、自分の情報を伝えてみるのはおすすめ**なのです。

たとえば、相手がなぜあんなに営業で仕事を取ってこられるのか知りたいという気持ちがあるのなら、まず自分がやっている営業の情報を与えるのです。

相手が仕事はバリバリできるけれどあまり女性関係に強くない相手だったら、合コン情報を教えるのもひとつの方法です。このようにライバルに仕事以外で貸しを作ってしまうのもいい方法だと思います。

返ってくる確証もなく相手に情報を与えてしまったら、自分の能力が減ってしまう気がしますか？

あるいは、相手があなたと同じことをやったら、相手のほうが強くなったり勝ってしまうかもしれない、などと思いますか？

けれど、**自分が大切に持っている情報やテクニックは、自分が思っているほどたいした情報ではない**と思うのです。ウェブ上にあらゆる情報が溢れているこの時代、どんな情報でもテクニックでも、調べればだいたいのことが出てきます。

僕が大学時代マジックをやっていたとき、トリックやネタの出典などを明かさない人たちが周りにたくさんいました。でも、僕はそれをすごくバカげていると思っていたのです。なぜなら、ネットでちょっと検索すればわかることだから。今の時代、Google先生には勝てないのです。

そう感じてからは、自分の中に情報を囲って誰にも見せないと頑張るより、自分はこれしか持っていないですよと、誰にでも見せてしまったほうがいいと思うようになりました。

メンタリズムのトリックをテレビで解説したのも、これまでのマジックやイリュージョンの類ではなかったことです。インタビューでもときどき、「そんなに話してしまっていいんですか？」と驚かれることもあるのですが、情報を不特定多数に開示しても僕は損をしたという経験がありません。むしろメンタリズムとマジックの違いを理解してもらうことができ、得をしていると言えるでしょう。

つまり、相手から何か手に入れたいものがあるのなら、まず自分から行動を起こすこと。なぜかと言えば、**情報は人に惜しみなくあげたところで減らないもの**だからです。

たとえば、あなたが持っているXという情報をAさんにあげたとします。その結果、AさんがあなたにYという情報をくれました。あなたにはXとYが手に入りました。

今度はこのYをBさんのところに持っていき、あげるよと言うと、今度はBさんからZという情報をもらいました。それをCさんに教えたら、今度はまた違うものが手に入りました。

それを繰り返せば、与えることで減ったり損をしたりするどころか、あなたが持っているものの量が一番多くなるわけです。

与える人が一番もらえる、僕はそのことを数多く体験しています。

「与える人」こそ成功できる

つまり、ライバルに、**敵対心を向けてもいいことはない**のです。

恋に関してはなんとも言えませんが、仕事でも、スポーツなど趣味の分野でも、ライバルがいたほうが、いないよりもはるかにそのこと自体が楽しくなります。

ライバルは、お互いを高め合える存在で、そこにはバチバチバチという「敵意」ではなくて、「敬意」がなければいけない。

あいつのここがすごい！　と思える点は、自分の中で素直に認め、その相手の人のすごさをちゃんと評価してあげることです。

これも「返報性の法則」ですが、**お互いに評価し合える間柄になりたいなら、まず自分が相手をちゃんと認めること、褒めること**でしょう。

中には、あなたの情報やテクニック、人脈をもらうだけもらって返してくれない人もいるかもしれません。

だからといって、相手があなたよりも情報量が多くなることはありませんし、あなたは相手に無駄に情報を与えて損をしたことにもなりません。

返ってこない相手は、もしかしたらあなたが思うほど能力がないか、あなたの情報をあなたほどうまく使えなかったのだと思ったほうがいいでしょう。

もしくは、誰に対しても心を開かない、自分の情報を開示しない人かもしれません。そういう人は、残念ながら結果的に孤立してしまうでしょう。

独占することで成功している人は、実はほとんどいないと思います。むしろ、**誰よりも与える人が、誰よりも手に入れることができる**と僕は思っています。

もともと僕は、合理的でとても論理的な人間でした。理系脳と文系脳などと分類されることがありますが、僕はまさに理系脳。感情よりも理屈や論理を信じていたのです。小学校の頃から友人関係でいい目を見たことがなかったこともあり、友達を作るときもどこか理屈が先にありました。

もちろん、感情がないとか冷淡だとかとは違います。相手の気持ちには応えたいけれど、感情的にはなりたくない。感情的になってその場の判断を曇らせたくないと思っていたのです。

ただ、そのあたりの見方は、成功している様々な人たちと会う機会が増えるにつれ、大きく変わりました。

僕が会った成功している人たちは、とても感情的なのです。といっても、周りを振り回したりするのではなく、感情的であるがゆえに、人を上手に巻き込んでいったり、物事を動かしていったりするのです。感情的に動いているように見えるけれど、感情に振り回されているのではなく、パズルのように理にかなった合理的な行動をしているのです。そして、ものも、知識も、人脈も惜しみなく与えている。

それまでは、感情を捨てることがビジネスでは効果的だと思っていましたが、そうではなかった、**感情は捨てるものではなく、使い方を学ぶことが大事**なのだと思うようになったのです。

すごいなと思う人と出会うと、自分もそういう人間になりたい、近づきたい、追い越したいと思うものです。そんな相手から何かもらったらその分、何か返したいという気持ちが自然と湧《わ》き出てきました。

相手から何かをもらって、「ラッキー！」と思っているようではダメなのです。

誰よりも与える人というのは、誰よりも多くのものが手に入るし、誰よりも「人を選ぶ」ことがうまくなるのです。

メンタリストDaiGo流「逆転の発想術」⑭

〝誰よりも与えた人〟が勝っている。

第4章

コミュニケーション力を高めるための「逆転の発想術」

第一印象をよくしたい！あなたのための「逆転の発想術」

好印象を与えたいなら、相手がどんな人を求めているか知ることが重要

最初の7秒、その後の3分ですべてが決まる

人の心を操るメンタリストという肩書きを持つ僕のところには、「第一印象をよくするにはどうしたらいいですか？」という質問がこれまで何度となく寄せられました。

仕事であれ、プライベートであれ、初めて会う相手に「失礼のないように」ということが最重要視される、日本人らしい気のかけ方なのかもしれません。

日本には「リクルートスーツ」というものもあります。就職活動中の学生が着る、あの黒やグレーのスーツ。他の学生と同じで、まわりから浮かず、平均的に見られるという点

では、とても日本の文化に合ったものです。

第一印象について よく僕が話をするのは、**最初の7秒が肝心**だということです。他人と会ったとき、人は7秒の間に、服装、姿勢、声などで相手をざっくりと品定めします。

そして、その後の3分間で第二次印象を決めます。今度は会話を通して相手の内面を評価するということですね。

つまり、**人は3分から長くても5分ぐらいで、見た目から内面まで相手の値踏みを終わらせる**のです。

就職の面接時間は、短いところだと5分というところもあると聞きます。ほんの5分話したくらいで何がわかるの？　と思う人も多いかもしれませんが、意外とこれは理にかなっているのです。おそらく、5分やっても30分やっても、その人に対する印象はあまり変わらないのかもしれません。言い方を変えれば、第一印象を決めたあと、その確認作業（その印象が合っているか間違っているか）のほうに時間をとっているとも言えます。

5分以内に決まってしまう第一印象なら、TPOに合わせた身だしなみに気をつかうことが確かに一番重要かもしれません。

さて、ここで僕からの質問です。

みなさん「第一印象をよくしたい」ということに非常に興味があるようですが、第一印象をよくしてどうしたいのでしょうか？

第一印象がいいと、次にまた会ってもらえるから？　その人に好かれるから？　次の仕事につながるから？

もちろん、最悪な印象の人とまた会いたいとはなかなか思いませんから、よいに越したことはないのでしょう。

しかし、**相手に与える第一印象は自己満足ではダメ**なのです。

その印象を次にどう活用するのか、その人たちとどういう関係を作りたいのかを考えずに、ただ「第一印象だけをよく」しても意味がないと思います。

第一印象がいいからといって、次につながるわけではないのですから。「次」につなげるために自分を演出する方法には、清潔感を出すのか、知的さを出すのかなど、幅広い選択肢があります。それらの中からどれを選ぶかが重要なのです。

相手のニーズによって第一印象を変える

自分が他人からどう見えるのか、そのイメージは自分の中に作るものではなく、相手の頭の中に作るものです。

だから、**初対面のとき相手にいい印象を残したいのなら、その相手がどういう第一印象の人間を求めているのかをリサーチしないとダメ**でしょう。

パーティやイベントなど人の多いところに行って新しいつながりを作ろうとするのだったら、自分がつながりたいなと思う人たちと似たような服装にするとポイントが高いです。あなたが相手を選別しているように、相手もあなたを選別しています。あなたがどういう装いをしているかによって、向こうもあなたとお近づきになりたいか、なりたくないかを判断しているわけです。

たとえば、仕事関係のパーティに参加して、いずれ10万円の仕事を取りたいと思うなら、10万円の仕事を手掛けている人たちと同じ装いにすればいい。１００万円の仕事を取りたいなら、１００万円の仕事を手掛けている人たちの服装をすればいい。１０００万円の仕事をしたいと願うなら、１０００万円の仕事をしている人たちがどんな服を着ているか、どんなものを持っているか、どんなことを話題にしているかに耳をすませることです。
もちろん、これにはある程度の先行投資が必要かもしれません。

もっとも、第一印象をやみくもに「よくする」ことがすべてではありません。**次につなげられるように、よくしなければ意味はない**のです。

あなたが仕事の人間関係を求めていたとしても、中には「もう仕事のパートナーは十分。もう事業を広げる気はないんだ」という人もいます。相手がどういう目的でそこにいるのか、どういう興味であなたと話しているのか、**相手のニーズを探ることも必要**です。

パーティで目の前にいる人とプライベートで友達になりたいのなら、そういう第一印象を作らなくてはいけません。

目の前にいる人と仕事の付き合いをしたいのだったら、そういう第一印象を作らないといけないと思います。

僕は、相手が友達の場合や、気楽な話し相手を求めているんだなと感じた場合は、仕事の話やパフォーマンスの話は一切しません。

相手が年上の場合はもちろん敬語は使いますが、ツッコミを入れたりジョークを言ったりもします。

つまり、そういう相手の場合は、気楽な話し相手として接することで相手の求めているニーズが満たされるので、「彼は楽しい男だった。だからまた一緒に飲みに行きたい」となるわけです。

一方で、仕事での人間関係を求めている人には「仕事ができる自分」をアピールします。その場合は、

「彼はパフォーマンスをやったり、テレビでタレントみたいな活動をしているけれど、すごく頭がよくて仕事ができそうだった、ぜひ一緒にプロジェクトをやってみたい」

という印象が与えられればいいわけです。

つまり、どういう印象を作ってそれを次にどうつなげていくのか、それを考えないで自己満足な「いい第一印象」を作り上げても、あなたが勝手に作り上げたその第一印象に合う人しかあなたの周りには集まりません。

最初の出会いを次につなげたいなら、**相手のニーズによって第一印象の演出の仕方を変えたほうがいい**と思います。

あえて相手に最悪の印象を与えるテクニック

第一印象はよいに越したことはありませんが、**「第一印象をあえて悪くしておく」**というのも、ときと場合によっては「アリ」になります。

僕自身の経験談ではありませんが、こんな話があります。

その人は男性でしたが、落としたいと思った女性との初めてデートで、彼女に対してものすごく冷たく接したそうです。

しかも、自分から誘ったにもかかわらず、用事があるといってデートを途中で切り上げ、彼女にとてもイヤな印象を与えました。

そして、次に会ったときには平身低頭、まさに平謝りで非礼を詫び、誠実で絵に描いたような素晴らしいデートを演出したのです。

この**「落差」がポイント**です。

平均点くらいの印象だった相手がちょっといいことをしても、少し優しくされたかな？くらいにしか思わないけれど、最悪の印象だった相手が、次に会ったとき人が変わったように誠実に接してくれたら、「あれ？　この間のはなんだったの？」と思うでしょう。

リスクをとって大逆転を狙いたいなら、あえて相手に最悪の印象を与えておいて、そのあとひっくり返すということのような大技が有効になります。

メンタリストDaiGo流「逆転の発想術」⑮

第一印象は、相手に合わせて作るもの。

印象に残る人になりたい！あなたのための「逆転の発想術」

「平均点の人」でいたら、あなたはいつまで経っても「印象に残る人」にはなれない

パーティで相手に強い印象を残すコツ

おそらく「第一印象をよくする」ことよりも、相手の記憶に残る自分になるほうが「自分をよく見せる」ためには効果的かもしれません。

いい人だねと言われても、「いい人、いい人、どうでもいい人」になってしまっては意味がありません。

だから、出会ったシチュエーションがどうであれ、よくも悪くも相手の記憶に残らないといけないと思うのです。

相手に自分を印象づける、あるいは、相手の印象に残るような人になる、というと、たぶん普通の人は、ちょっと奇天烈《きてれつ》なことをやらないと、相手の印象には残らないんじゃないかと思いがちです。

ところが、そんなことをしなくても、相手に自分のことを印象づけることは十分可能なのです。

たとえば、パーティで人に会ったときにその人の記憶に印象を残せる簡単な方法として、**一番盛り上がっているところで場をはずす**というのが挙げられます。

パーティの場で一番よくないのは、誰かと意気投合したあと、そのままその人と最後まで一緒にいて終わるパターンです。

これにはふたつのマイナスポイントがあります。

ひとつは、**相手があなたに満足してしまうこと**。あなたはその日だけで満足してしまった人とまたすぐに会いたいと思いますか？　相手の興味を満足させてしまったら、次の約束はなかなか取れなくなってしまうのです。

もうひとつは、**せっかくパーティという、いろいろな人とつながりを作ることができる場にいるのに、一人の人に集中してしまっていること**です。結果的に名刺をほんの数枚しか交換できずに帰ってくる、こんな結果になるのはとてももったいないことです。

せっかくパーティに参加したのなら、絶妙のタイミングで席をはずして、いろいろな人と知り合ってください。テレビドラマがコマーシャルに入る前のタイミングを見習って、一番会話が盛り上がっているところで、

「すみません。せっかく盛り上がってきたところですが、約束している人があっちにいるのでそろそろ……」

などと理由をつけて場をはずしてください。

これは、心理学で言う、完結したものよりも完結していないもののほうが記憶に残る、あるいは、未完了のまま中断されたもののほうが印象に残るという**「ザイガニック効果」**を利用したものです。

パーティでなくても、たとえば道で自分が担当しているクライアントに会ったとき、相手が喜ぶであろう話を持っているとしたら、ドラマの予告編のようにおいしいところだけをかいつまんで話すのです。そして、

「立ち話ではなんですので、また改めてお話しします」

と言って立ち去ってください。これで相手はあなたの存在を強く意識にとどめておくことになるでしょう。

カリスマに学ぶ「印象術」

人はいかにして印象に残る存在になれるのか。

そんなことを考えていたら、『サイコパス』というアニメの中に「カリスマの定義」というのが出てきて驚きました。

それによると、「カリスマ性」を心理学的に分析した場合、三つに分類されるのだそうです。

ひとつは、**超能力や特殊能力、卓越した能力・才能**。その能力に魅了されて人が集まってくるわけですね。

ふたつめが、**空間演出能力**。その人と一緒にいると楽しい、安らげる、満たされる、心地いい空間が作りだされる。そういう演出ができる人の周りに人は集まってくるのだそうです。

そして三つめは、**あらゆることを雄弁に語れる知性を持っているかどうか**。話すことが上手い……といっても芸人さんのように笑いを起こすような話ではなく、人の心をつかみ、聞き入らせる。この人についていきたいと思わせる雄弁さを持っている人かどうか。

この三つがカリスマの条件です。

これらどれかひとつの条件を深く満たしていると、その人はカリスマとして現れてくるというわけです。


多くのメンタリストは、ひとつめの超常現象的な能力をアピールすることによって、カリスマ性を獲得してきました。宗教的な救世主、サイババなどもそこに入るでしょう。

ふたつめの空間演出能力は、まさにイエス・キリストのようなカリスマ性だと僕は思います。その人の近くにいることによって、救われたような気持ちになる。

心地いいとか、心理的に安定するような状態を演出することができるカリスマが、このカリスマだと思います。

三つめの、雄弁に語れる知性によってカリスマ性を発揮した、歴史上最後の人物といえばヒットラーですね。雄弁さと知性、そして残忍さもありましたが、彼は間違いなく時代のカリスマでした。

サイババやキリスト、ヒットラーには到底及ばないでしょうし、カリスマに近づくのも難しいことですが、人に印象づける自分の特徴として、これらのうちの何かひとつを意識しておくといいかもしれません。

平均点を上げようとせず、得意分野だけを伸ばせ

人間には、**「ハロー効果」**という心理的現象があります。これはひとつの特徴でポイントを稼ぐと、それに引っ張られて他の点まで全体的に好意的に評価される現象のことです。

つまり、英語が流暢《りゅうちょう》に話せる人に会うと「賢い」→「仕事ができそう」、一流大学卒の人に会うと「勉強ができる」→「人格的にも優れている」、スポーツ選手に会うと「爽やか」→「性格がいい」などのように勝手に認知してしまうのです。

これを逆手にとる方法で、相手に印象づけたい自分の特徴を演出するのもいいでしょう。

一番よくないのが、特徴がなく、どれもそこそこというタイプの人です。このタイプが一番記憶に残りません。

僕たちは、つい「平均点のいい人」を目指しがちですが、**全部がそこそこよりも、何かひとつ突出した特徴を作ったほうがいい**のです。

つまり、目指すなら**ジェネラリストではなくスペシャリスト。**そのほうが明らかに相手の印象に残りやすくなります。

知性にだけは自信があるというなら、そこだけを相手に見せればいい。自分の自信があるところだけをきちんと見せられれば、ハロー効果で、他の面も引き上げられます。

普通、知性にだけ自信があってコミュニケーション能力が高くない人は、自分をよく見せようとするためにコミュニケーション能力のほうを引き上げようと考えます。でも、重要なのは平均点を上げることではなく、すでに高い部分をとことん上げること。そのほうが絶対に相手にいい印象を残せます。

仕事でも同じです。

すべてがそこそこできる人は、ついいろいろな仕事を任されがちですが、どれも成果が上がりません。一方で、「あの人は事務作業は苦手だけど、交渉ごとはすごいよね」というイメージがついている人は、

「あの人に事務作業をやらせるぐらいだったら、外に交渉をしに行ってもらったほうがいい」

ということで、交渉の仕事があるたびに出番がきます。

すると、自分の好きな仕事ができるようになるし、しかもその能力が高いわけですから、成功しやすいのです。そうするとさらにイメージがよくなり、また仕事を任され……というプラスのスパイラルにつながっていくのです。

メンタリストDaiGo流「逆転の発想術」⑯

印象術であなたも「カリスマ」になれる。

交渉を成功させたい！　あなたのための「逆転の発想術」

求めているものを、まず相手に言わせることが最重要

交渉の場では、しゃべりすぎるな

会社で営業を担当している人は、おそらく「しゃべりがうまくないといけない」と思っているのではないでしょうか。

マニュアルに書いてあるのか、こちらがたいして興味もない会社の歴史を冒頭からベラベラと話す営業マンがたまにいます。しかし、そんな話を聞いていると、なぜこちらの望むことを話してくれないのだろうと思ってしまいます。

肝心なのは、顧客の要望にいかに応えるか、いかに顧客のニーズを引き出すかではないでしょうか。

営業マンがしゃべってばかりいてはそれを聞き出すことはできません。顧客のニーズを引き出したいのだったら、営業マンはあまりしゃべりすぎないほうがいいのです。

つまり、交渉ごとをうまくいかせたいのであれば、話し上手である必要は特にないわけです。

むしろ**交渉の場ではベラベラしゃべる人のほうがマイナスになります。**よっぽど狡猾《こうかつ》な話し方をしない限り、相手から情報は引き出せないまま、自分の手の内だけを明かしてしまう結果になるでしょう。

僕は最近、企業セミナーを行ったり、コンサルタントの仕事をしたりする機会が増えましたが、**相手から情報を引き出したいときは、「聞く」に徹します。**

交渉というのは、こちらが提示するものと相手のニーズの形がカチッと合ったときに成立します。

相手の求めているものが違う形だったら、当然まとまりません。そのためには、こちらが持っているものをどんどん説明して売り込むのではなく、相手がどういうものを求めているのか、それをまず相手に言わせることのほうが重要なのです。

相手のニーズを引き出してから売り込む

「商品さえよければ、宣伝が上手かろうがヘタだろうが、売れる」と言う人がいるかもしれませんが、それはずいぶん古い考えだと僕は思います。

優れた商品でなければ売れないのは、もちろん事実です。でも、特に日本には「優れた商品」なんていくらでもあります。いや、むしろあふれています。

だから、その商品が優れていることを優れた方法で伝えなければ、それは優れた商品には見えないのです。つまり、**プレゼンの仕方、伝え方によって価値は変わってしまう**ということです。

たとえば、誰かがビデオカメラを買おうとショップに行ったとしましょう。

A、B、Cという3種類のビデオカメラがあったとします。この中からどれかを選ぶとき、消費者の中にあるのは、「損をしたくない」という気持ちです。あとで後悔したくないし、なるべくお得に買いたい。だから、わざわざ専門の店員がいる電器店に行くのです。

その気持ちが満たされなかったら、買わずに帰ります。違うスペックのものが出てくるかもしれないとか、他のお店のほうが安いんじゃないかと思うわけですね。

さて、ビデオカメラを買いに女性のお客さんが来店したとしましょう。時期は、9月頃。優れた店員さんは、そのお客さんとのさりげない会話の中から、結婚しているのか、子どもはいるのか、撮影の目的は動いているもの（運動会など）なのか、景色（旅行）なのかなど、文字どおり聞き出します。それが重要な「材料」になるからです。

相手のニーズを引き出すために、いきなり商品を売り込んではダメなのです。最初から商品の説明をとうとうと始めるなどもってのほかです。

たとえば、企業回りの営業マンであっても、会社の会議室に入ったとたん、時間がないからといきなり商品の営業を始めたら相手の心はすぐに閉じてしまいます。いろいろな売り込みを受けている企業や部署なら特にそうです。売り込みだと思った瞬間に心を開かなくなるし、自分たちのニーズなんか出してこないのです。

だから**必ず最初は雑談**です。雑談を通して相手の個人的な環境や状況を聞き出せるくらい信頼をつかんでから、ようやく本筋に入ることが重要なのです。

「ビデオカメラにもいろいろなタイプがありますが、どういうところを重視しますか？」

このように、相手のニーズを自然に引き出せる会話をしないとダメなのです。

それが欠けた状態で何かを売り込むのは、すれ違いの人にいきなり、

「すいません、こういうものがあるんですけれど、買いませんか？」

と言うのと同じです。

「求めているもの」によって表現の仕方を変える

相手のニーズがなんとなくわかったら、そこで初めて商品の説明に入ります。

Aのカメラは、写真も撮れますし、画質もすごくいいです。

Bのカメラは、手ブレにも強いので、運動会には最適です。

Cのカメラは、見た目にも高級感があって、パソコンにつないで編集もできます。

それぞれにこういった「売り」がある場合、相手が運動会を撮影するという目的があったなら、おすすめなのはBの商品でしょう。

さらに、「買う」という行動に対してその人自身が納得できるような提示を売り手側がしなければ、「買う」という行動は導き出せません。

だから、たとえば、

「どのカメラも画質はそこそこいいですよ。今はもうパソコンに取り込んでできる編集作業も、手ブレ補正も、どのカメラにもついています。だからどれも運動会向きです」

こんなふうにプレゼンしたら、売れるものも売れなくなってしまいます。

そうではなくて、「あえて言うなら、このカメラが一番画質がいいです」とか、「あえて言うなら、このカメラの特徴は手ブレに強いことです。だから運動会には最適です」と〝あえて〟言うことが大事なのです。

前の項目で、自分の突出した「売り」はひとつに決めろというお話をしました。

それと同じように、**相手の求めているものによって表現の仕方を変えて商品をＰＲするのはとても重要なこと**なのです。

メンタリストDaiGo流「逆転の発想術」⑰

交渉は話し上手より、「聞き上手」が強い。

親や上司とうまく付き合いたい！あなたのための「逆転の発想術」

自分から細かく報告をしてしまえば、相手は何も言わなくなる

親の気持ちも否定しない上手な〝はぐらかし方〟

息子や娘がいくつになっても子ども扱いして、あれこれと指示を出してくる親は昔よりも増えているような気がします。

僕の祖父母の時代は、自動の家電は少なく、掃除、洗濯、食器洗い、ご飯を炊くなど、ひとつひとつの家事にとても時間がかかっていましたから、特に母親は家事とたくさんの子どもの世話で忙しく、子ども一人一人に時間を割けるほど暇ではなかったのでしょう。

僕の家は男ばかりの四人兄弟で、母は常に僕たち子どものことを気にしてくれました。今でこそもっと干渉させてあげればよかったと思っていますが、学校に行っている頃はあれこれ言われるのが面倒くさくて、どうしたらうるさく言わせないようにできるかばかりを考えていました。

正面切って「うるさい」と言ってしまっては角が立ちます。そこで、親の気持ちを否定しない、まさに絶妙な〝はぐらかし方〟を僕は考えつきました。

それが、**「自分のほうがうるさく言うこと」**だったのです。

たとえば、顔を見るとすぐに、

「宿題やったの？」

「ちゃんと勉強してるの？」

などと言ってきそうな親に対して、親が口を開く前に、

「今日さ、数学の授業でこういう問題があってさ。三平方の定理なんだけど、いつも間違えちゃうんだ。三平方の定理にタンジェントの数値を求める問題があったんだけど、それの引っかけ問題が東大の過去の問題集にあってさ……」

と細かいところを先に親に報告してしまうのです。

ここで言う勉強の内容は、聞いた親がちょっとうんざりするくらい細かくて具体的なほ

うが効果的でした。

親からしたら、東大の過去問題なんか知らないし、どうでもよいことです。けれど、とにかく難しそうなことをごちゃごちゃ言っているのだから「一応は頑張っているのね」と納得します。その結果、親は何も言わなくなるのです。

「自分から報告すること」は苦にならない

つまり、**相手の目的や狙いを考え、先回りしてつぶしてしまえばいい**のです。

うるさく言うのは、自分の子どもの成長にコミットしてくれているということです。あなたを成長させたい、成功させたい、そういう欲求があるから、うるさく言うわけです。

その欲求を満たすためには、親がうるさく言う以上に、あなたが先回りして〝うるさく報告〟してあげればいい。

その行為が定着すると、あなたの勉強時間が以前とさほど変わらなくても、いつの間にか親のほうは「あいつはあいつのペースでやっている」という解釈に変わり、不思議なくらい何も言わなくなります。

親からうるさく言われるのと、自分から親に細かく報告するのと、僕はどちらも体験しましたが、自分が親に事細かく報告するほうが気持ち的にはずっとラクでした。

人間は、自分のことを誰かにわかってもらいたい、自分のことを話したいという生き物ですから、自分から細かく報告することは意外と苦にならないのです。

むしろ、人から細かく言われるほうが、「支配されている」という息苦しさが重くのしかかり、苦しいものなのです。

このようなうるさい親に対する対策は、うるさい上司にも使えます。

細かいところを気にする上司は、細かいところしか見えていないことが多いものです。「大枠」が見えていないか、もしくは、大枠と詳細だけを気にして、中間のことはどうでもいいという人もいます。

だから、そうした相手のパターンを読み取って、**相手が気にする部分をいちいち報告してあげて、相手の欲求を満たしてあげる**のです。

そうすれば、いちいちチェックされてイライラすることも減りますし、相手の欲求を満たすことで、あなたも上司の束縛から逃れられる、というわけです。

メンタリストDaiGo流「逆転の発想術」⑱

うるさく報告すれば、親や上司はうるさく言わなくなる。

恋人のいる相手を落としたい！あなたのための「逆転の発想術」

恋愛関係に持っていきたいのなら、その恋人のことを褒めまくる作戦が有効

あなたに対する「プラスの言葉」を無意識に相手に言わせる方法

人の心は、無意識のうちにバランスを取る傾向があります。

外からプラスの情報がたくさん入ってくると、自分の中でマイナスの情報を出して、そのバランスを取ろうとするのです。

たとえば、あなたが恋人のことを誰かにとても褒められたとします。

「あなたの恋人、本当に完璧だよね。外見だけでなく内面も素晴らしい。人にも優しくて、おまけに頭もいい。しかも……」

こんなふうに言われたら、あなただったらどうしますか？　あまりにたくさん褒められてしまうと、

「いやいや、まぁね。でも、近くにいるとあんまり感じなくて……」

などと、決してポジティブとは言えない言葉がつい出てくるのではないでしょうか。

恋人のことはとても素晴らしい恋人だと思っている。どう辛目に見ても80点ぐらいの高得点の相手です。とはいえ、人が120点ぐらいの評価をしてしまうと、そこには40点もの開きが出てしまいます。だから、その分、自分がマイナス要素を提示して、なんとかバランスを取ろうとするのです。

この方法を、「恋人のいる片思いの相手」に応用してみましょう。

普通、恋人のいる相手に自分をアピールするときは、自分がその恋人よりもどれだけ優れているか、魅力的か、相手としてふさわしいのかをアピールします。

あるいは、相手の恋人を否定して自分を上げる作戦もあるでしょう。

ただ、その方法だとまるで逆効果になります。

自分と恋愛関係に持っていきたいのだったら、「逆転の発想」をするべきです。つまり、**その恋人をべた褒めする**わけです。

「あの人はすごいと思う。仕事もできるし、たぶん家でも優しいんだろうね。僕（私）はもっと頑張らないといけないかな」

そんなことを言っていると、どこかの時点で、

「いや、そんなことないって。意外と家だと適当だったり、だらしないところがあったりするから。あなたのほうがしっかりしていると思うよ」

などと相手は言ってくれるかもしれません。

恋人のことを褒めたのに、相手の口からあなたについての「プラスの発言」が出てくればしめたものです。言葉にした時点で言った本人の耳にもその発言は入ってくるからです。そして、その言葉は〝想い〟となって相手の心に蓄積されます。だから、**あなたに対するプラスの言葉を相手からたくさん言わせるのが大事**なのです。人の心は「言葉」でできているからです。

相手と何度かこういう会話をつづけてみましょう。そのうち、恋人について話ができる相手として、相手もあなたにより親近感を持ってくれるでしょう。

万が一、ケンカなどして相手が恋人に対してマイナスの要素を感じたときには、相談さえ持ちかけられるかもしれません。

悩み相談のようになったら、もうずいぶん相手と接近できた証拠です。大事な人であるはずの恋人とうまくいかないという、そのマイナスポイントをあなたがうまく救うことができれば、自分に今必要なものはあなたが持っていると相手は錯覚を起こします。

とにかく最後まで褒めつづける

ポイントは、**悩みを相談されたとき、恋人へのネガティブコメントは避けること**です。相手がいくら愚痴をこぼしても、「まぁまぁ。そう言ってもいいところはあるじゃない。僕（私）も見習わなければいけないいくらい優しいし」と、その恋人をけなさず、そして自分のこともさりげなくアピールすることが必要です。

さらにもうひとつのポイントは、「**相手の口から何を言わせるか**」です。たとえば、恋人のことを「完璧だよね」とあなたが言えば言うほど、あなたが落としたい相手は、ケンカをしている恋人が「いかに完璧ではないか」をたくさんあなたに言ってくるはずです。

ケンカをして怒っている相手に変に同調して、「あなたの恋人、変なやつだよ。イヤなやつだよ」と言うよりも、とにかく最後まで褒めつづけるほうが、心理学的には効果的なのです。

ただし、最初のアプローチの段階で、相手の恋人を「いい人だよね」とか、「仕事できるよね」とべた褒めしたとき、「ああ、ありがとう」とか、「うん、そうなんだよね」とすべて肯定で返された場合は、正直言ってこの作戦が上手くいく見込みは薄いです。

けれども、とりあえず恋人のことを褒めておけば、万が一その二人の関係に何か問題が起きたとき、あなたのところに相談にくる可能性が高くなりますから、時間が多少かかっても構わないのであれば、種をまいておくのはいい作戦だと思います。

メンタリストDaiGo流「逆転の発想術」⑲

恋のライバルはけなさずにベタ褒めすべし。

第5章

自己嫌悪から抜け出すための「逆転の発想術」

ダイエットを成功させたい！あなたのための「逆転の発想術」

「痩せたらこうなる」という〝具体的なメリット〟を目標として設定しよう

自分の「行動パターン」を把握し、コントロールする

ダイエット・ビジネスは、とても儲かるものだそうです。

昔、そんな話を聞いていたときに「飲むだけで誰でも確実に痩せる薬」を発明したら、億万長者間違いなしだよと言われたことがあるほどです。

なぜそこまで儲かるビジネスなのかというと、ズバリ、**痩せられない人が多いから**です。

ダイエット本はすでにたくさん出ています。にもかかわらず、新しいダイエット本も次から次へと出つづけていて、それらもちゃんと売れている。いろいろな方法を試しても痩

せられない、あるいはリバウンドする人たちがたくさんいるから売れつづけるわけです。

つまり、**問題なのはダイエットの方法ではありません。**ダイエットは、言ってみれば「摂取カロリー」マイナス「消費カロリー」の単純引き算ですから、究極的なことを言えば、どの方法を選んでも、きっちり実行さえすれば痩せるはずです。

にもかかわらず、ダイエット本やダイエット商品が売れるのは、単に、みな「つづかないから」が原因だと思うのです。

それなら、**逆転させて「どうしたらつづくのか？」を考えればいい**わけですよね。

つまり、どういうときに自分が「ダイエット行動」をとり、どういうときに「反・ダイエット行動」をとってしまっていたのかを考えるのです。

まず、あなたの「反・ダイエット行動」を考えてみましょう。

お菓子をたくさん食べる、夜中に食事をとる、脂っこいものなど高カロリーのものを好んで食べる、食事が不規則でドカ食いをする、食べすぎ……。

このような、どうして痩せないのかという自分の「反・ダイエット行動パターン」を知らない人は意外と多いのではないでしょうか。
こうやって書き出してみることで、自分のパターンを把握し、次にそれがどういう環境で起こるかを考えて欲しいのです。

人間の行動を科学的に分析する「行動科学」の考え方によると、行動を起こす前には必ず何か「原因」があるのだそうです。

原因があって、行動が喚起され、それが結果に結びつく。

「この行動をしてはいけない」と思っていても、**原因を適切にコントロールしない限り、行動は必ず起きてしまう**というのが行動科学の考え方です。

たとえば、会社のランチタイムに外に出たとき、ついコンビニに寄ってお菓子を買ってしまう、あるいは、仕事帰りに通るケーキ店でケーキやシュークリームを買って帰ってしまうというのなら、コンビニに行く、あるいはケーキ店の前を通ることが「前置きの行動」になっていて、それが甘いものを買うという「行動のスイッチ」になっているのかもしれません。

であるならば、コンビニには行かない、行ってもお菓子のコーナーは素通りする、ケーキ店の前を通らないで帰るなど、**原因をコントロールすればいい**のです。

夜中に食べてしまう場合、その原因がストレスだとしたら、第2章の76ページ〜を参照に、自分のストレスの大もとを見て、根本からストレスを解消する必要があるかもしれません。

もしくは、ストレスの解消法が「夜中に食べる」というパターンにならないように、対処法を考えてもいいでしょう。

メンタリズムから生まれたダイエット法

また、「反・ダイエット行動」の原因をコントロールすると同時に、「**ダイエット行動」を起こしやすくするようにモチベーションをマネージメントすることも必要**です。

たとえば、文房具のポストイット(付箋)を家の中の目に入るところに貼り、そこに「小さなゴール」となるようなエクササイズ、「スクワット10回」とか「腹筋5回」など、1分以内でできるようなことを書いておきます。

貼るのは、いつも無意識に開けてしまう冷蔵庫の扉、一日に何度も行くトイレの扉、着替えるときに開けるクローゼットのドアなどがいいでしょう。そこを開けるためには、必ずポストイットに書かれていることをやらなければいけないというのがルールです。そのごほうびとして、冷蔵庫を開けられる、トイレに行ける……というわけですね。

もうひとつ、僕が以前、テレビで紹介した**メンタリズムの観点から考えた「ダイエット方法」**もなかなか効果的です。

① 青いものを効果的に使う

食欲には、生きるために必要な生理的欲求としての食欲と、ストレスによる食欲がありますが、**青いものにはこのストレスを抑える効果があると言われている**ので、このストレスによる食欲を自然と抑えてくれます。

ですから、もしあなたが料理を作る立場なら、料理を始める前に青いものがたくさん目につくような環境にしたほうがいいでしょう。たとえば、キッチンのインテリアに青を使う、調理器具をブルーにするなどがおすすめです。

キッチン用品や調理器具には赤やオレンジが多いですが、実はこれはとても理にかなっているのです。赤やオレンジには、代謝を活性化したり食欲を増進させたりする効果があるからです。ですから、赤やオレンジの調理器具で作ったほうがおいしく感じるというわけです。

ダイエットのためなら青い食器もいいですが、青いお皿の上に黄色い食材が載ると逆においしそうに見えてしまうので気をつけなければいけません。

ダイニングテーブルの上に青い花を飾る、ランチョンマットをブルーにするのもいいでしょう。

②フォークやスプーンをわざと大きいものにする

これは、食べる行為がストレスになるようにするためです。

よく、小さいスプーンやフォークを使うと一口の量が少なくなってダイエットにはいいなどと言いますが、僕がおすすめするのはそれとは逆の発想です。**大きいものを使って、できるだけ食べづらくしてください。**

③一口食べるたびに、箸《はし》を置く

「満腹」という状態は、胃が満タンになりましたよという状態のことではありません。食べ始めて20分ほどして血液中のブドウ糖が増えると、満腹中枢が働いて、脳から「満腹ですよ」というサインが送られる状態のことです。ですから、**ゆっくり食べることはダイエ**

ットに効果があります。

さらに、最近ではヒスタミンという物質が食欲を抑えることがわかっています。ヒスタミンは噛むことで脳内に増えるのだそうです。ですから、一口食べるたびに箸を置くことで、よく噛むことを促《うなが》し、早食い、大食いを防ぎます。

④ 食事の前に料理を撮影して、フェイスブックやツイッターにアップする

ダイエットを誰にも言わずこっそりやる人がいます。夏までにこっそり痩せちゃおうとか、公に言ってしまうと一緒にご飯に行くときに気をつかわれるから達成してから言おうと思っている人など……しかし、これはまさに考え方が逆なのです。

周りに公開したほうがそれなりの責任感やプレッシャーが伴《ともな》うので達成率は上がります。

第1章で紹介した「パブリック・コミットメント」です。

最近は匿名でツイッターをやっている方も多いようです。家族や友達に言うのが恥ずかしいなら、ツイッターのダイエットアカウントやブログを開設するなど、インターネットという媒体を利用してダイエット仲間を集めたり、背中を押してもらったりすると意外な効果を発揮するでしょう。

「痩せたあとのメリット」を脳にインプットする

最後に、「満足するためのメンタリズム」の話をしましょう。

人が満足するためには条件が必要です。「ここまで行けばよし」というラインを決めておかないと、人は満足できない生き物なのです。

ですから、何かを始めるときはきちんとした目標を設定しておかなければいけません。

そうしないと、いつまでたっても達成感を感じず、逆にストレスになってしまうのです。


それは、ダイエットでも同様です。

ただ、ダイエットの場合は、その目標設定の仕方にコツがあります。たとえば、「50キロになる！」とか、「Sサイズの服が着られるようになる！」というのも確かに〝目標〟ではありますが、僕だったら、「50キロになる！」という目標にはしません。つまり、「50キロ」を「ゴール」にはしないのです。

「50キロになって、可愛い水着を着る！」とか、「Sサイズの服が着られるようになって、それを彼（親）にプレゼントしてもらう！」とか、あるいは、「痩せて、好きな人に告白する！」など、**痩せたら自分にはどんな〝うまみ〟があるのかを自分の脳に教え込む**のです。

なぜそのほうがよいのかというと、「50キロ」という数字や「Sサイズ」という言葉は、あなたにとっては目安になるかもしれませんが、脳にとってはなんの価値もないものだからです。

人間の欲求は現実的なものなので、「痩せたらこうなる」という〝具体的なメリット〟を決めたほうが目標の設定としてはよいのです（第1章49ページ〜参照）。

満足の度合いを具体的に決めること、そして、なるべく人間の根源的な欲求に刺さるような目標の立て方をすることでダイエットは成功するのです。

メンタリストDaiGo流「逆転の発想術」⑳

ダイエットの方法よりも、まず「どうやったらつづくのか」を考えるべき。

幸運を引き寄せたい！あなたのための「逆転の発想術」

不幸なことが起こったときこそ、あえてラッキーと思ってみる

「失敗」は「幸運」だと思ってしまえ

幸福や不幸について考えるときは、「現実」をどうとらえるかがポイントだと僕は思っています。

やや精神的な話になりますが、**この世の中に存在するものには「幸福」とか「不幸」というラベルが貼ってあるわけではありません。**

「お金があれば幸せだ」と言う人が持っているお金に「幸せ」と書いてありますか？

「マイホームさえ持てれば、自分の人生は満足だ」と言う人が持ちたいと思う家に「満足」

と書いてありますか？

お金は、ただのお金。家は、ただの家にすぎません。つまり、物事の解釈や受け取り方は人それぞれということなのです。


ある水泳選手のメンタルトレーナーの話を聞いて、とても感銘を受けたことがあります。

その選手は、二度目の金メダル争いがかかった重要なレースの前、風邪をひいてひどく体調が悪かったのだそうです。

そのため弱気な発言をするその選手に、メンタルトレーナーがこう言いました。

「初めて優勝したときも体調が悪かったよね」

たまたまそれは事実だったようですが、これもある意味、「**逆転の発想**」です。

僕たちはつい、体調が悪い＝優勝できない、と、実際には関係のない要素を結びつけて考えがちです。

たとえば、仕事に喜びを見いだせない＝成功しない。

あるいは、お金がない＝幸せになれない。

もちろん、体調が悪いときに自分の実力のすべてが出せるか？　と言われたら、正直わかりません。ただ、その逆も真なりで、これまで体調が悪かったときすべてのことがうまくいかなかったのか？　うまくいったことはなかったのか？　と問われれば、たいていのことはそうではないはずなのです。

僕は、イヤなことがあったとき、あるいは、自分にとって今が逆境だなと思ったときは、必ず「ラッキー」と思うようにしています。**幸運だと思ってしまう。**これが大事です。

たとえば、メンタリズムのパフォーマンス中に、相手に十分に暗示が入らず、青いペンを取らせたかったのにオレンジのペンを取ってしまった場合、

「しまった。次にどう展開したらいいんだろう？」

と思うのは〝普通〟の思考法です。

青いペンを取らせたかったのに相手がオレンジのペンを取ってしまった――僕はそこで、一度、「よし、狙いどおりだ！」と思うのです。

なぜ、それが狙いどおりなのか？

それはあとで考えればいいのです。とにかく「これはラッキーなんだ。自分の思いどおりのことが起きている」と、脳にインプットします。

すると、これが〝ペンの色を当てる〟パフォーマンスではなく、

「あなたはオレンジのペンを取りましたね。これは心理テストです。オレンジを選ぶ性格ということは……」

と、心理テストに替えてしまうという発想が生まれます。

もしも、そこで「これは失敗である」というネガティブな考えにとらわれてしまったら、そこから何か前向きなものを創造することは難しい、だから、**イヤなことが起こったときにはこれでいいのだ、これはラッキーなんだと思うのが大事で、そう思って初めてその「ラッキー」の使い方が見えてくる**のです。

これは言葉を逆転させるという方法、つまり、マイナスのイメージである「試練」や「苦難」という言葉のネガティブなイメージをひっくり返して、「ギフト」や「贈り物」と言い換えるのと同じ発想かもしれません。

今の現実をラッキーと思わなければ幸運はやってこない

僕は、慶應大学を受験したとき、試験会場にペンケースを持って行きませんでした。わざと家に置いていくほどチャレンジ好きではありません。朝、バタバタしていて忘れてしまったのです。唯一持っていたのは、ずっと愛用していて、今でも僕の〝相棒〟となってくれている万年筆1本だけでした。

万年筆ですから、一度書いてしまったら消すことができません。内心すごく焦っていましたが、これしかないいんだから仕方がない。これでいいんだと腹をくくって試験に臨みました。

それを見ていた試験監督が、鉛筆と消しゴムを用意してくれましたが、腹をくくったあとだったので、僕はあえて万年筆で試験を受けました（慶應に落ちたら、また東大受験にチャレンジできるからちょうどいいやと思っていた気持ちもあったのですが）。


万年筆を使って受験に受かったことは、自分の自信にもつながりました。

そこで、大学に入ってからも勉強のときには万年筆を使うようにしました。

すると、間違えて書くことが減るようになったのです。間違えると消せないので自然と間違えなくなるのです。無意識のうちに頭の中で考えてから書くようになったせいもあるかもしれません。

しかも、消さなくてすむように文字の大きさを調整し、ノートのスペース配分を考えて書くことができるようにもなりました。

幸せになるため、幸運になるために、僕たちはいろいろな方法を考えます。「感謝する」「祈る」「お布施をする」……でも、それが目的を達成するための「方法」になってしまっているのを目にすると、僕は不思議な気持ちがするのです。

幸せを引き寄せたいなら、今の現実を「ラッキー」だと思うこと。

そこからでないと、「次」は生み出せないと思うのです。

メンタリストDaiGo流「逆転の発想術」㉑

「ラッキー」と言えば、チャンスが見えてくる。

口ベタをどうにかしたい！あなたのための「逆転の発想術」

話し方教室などに通わなくても、口ベタを直すこんな簡単な方法がある

目標となる人物を設定して、口癖をマネる

僕も、しゃべりが上手いほうではありません。

なめらかに発音できずに噛むことも多いですし、頭ではスムーズにしゃべっているつもりでも、実際は口が動いていないことがけっこうあります。舌を上顎《あご》の硬い部分（口蓋《こうがい》）にきちんと当ててしゃべっていないようだと人から指摘されたこともあります。

意識して舌を口蓋に当ててしゃべると、いつもより言葉が明確に出ていることが自分でもわかります。普段は舌をふにゃふにゃ動かしているから、モゴモゴしてしまい何を言っ

ているのかわかりにくくなるようです。

僕のように、舌をうまく機能させていないため話すことに自信が持てないのなら、ボイストレーニングなどを受けるのもいいでしょう。


口ベタな人というのは、自分が気にしているだけで、周りから見たらそんなに口ベタではないという可能性もあります。

ただ、もしそのことで少しでも自分を変えたいと思っているとしたら、おそらくあなたには〝あの人みたいに話し上手になりたい〟という具体的な目標があるのかもしれません。

そうした目標があるのであれば、その人に近づけるようにまずは**マネから入ってみてください。**

目標となる人物がいない人は、テレビで観る人でも、自分の周りにいる人でもいいので、あの人くらい話せればいいなと思う相手を見つけることから始めるとよいと思います。

口ベタをどうにかする方法がモノマネ？　などと皮肉な目線で見ないでくださいね。

これも僕が昔、実践したことです。

話の上手い人やその人みたいになりたいと思う人を設定して、まずその人の口癖をマネすると自然に全体の雰囲気がマネできるようになります。

僕の場合、高校のときに仲のよかった友達が、僕とはまるで違う話し上手なタイプでした。

何よりも僕が一番衝撃を受けたのは、彼がコンビニに入ると、そこで働く店員さんにも普通に挨拶をすることでした。

店に入ると、「いらっしゃいませ」と言われますよね。

言われたら、彼はそっちを向いて「あ、どうも」と言いながら店内に入っていくのです。このような感じで、「自分」vs「他人」という境界線を感じさせないほど人と気さくに話すのを見て、コイツ、面白いなと思ったのを覚えています。

そこで、僕はまずコンビニの店員に挨拶することから始めました。店に入って「いらっしゃいませ～」と言われたら「どうも～」と返すようにしたのです。

さらに、その友達はバスケット部だったので、語尾に「～っす」という、ちっちゃい「っす」を入れていました。だから挨拶も「ウィーッス」です。

今思うと、おそらく運動部全体で流行っていた言葉だったのでしょう。僕はバスケ部ではありませんでしたが、当時はそれもマネしていました。

そこから自分の意識がガラリと変わりました。

不思議なことに、そこを突破口として、いろいろな人と自然に挨拶や会話ができるようになっていったのです。

さらに、運動部の間でしか使われないような挨拶をすることによって、それまで接点のなかった運動部系の人たちとも仲良くなることができました。それまでとはまるで違うジャンルの友達ができるようになったのです。

交友関係が広がったし、友達が増えたから必然的に話す回数も増えていきます。そのうち、ロベタも自然に直っていました。

このように、**何かひとつを変えると、他の部分もそれに準じて変わっていくというのは自然なこと**なのかもしれません。

モノマネというと稚拙《ちせつ》な印象が拭《ぬぐ》えませんが、心理学的に言い換えれば、「いわゆるペルソナ（仮面）のような外的側面のひとつとして、コミュニケーションが上手い人のマネを演じる」ということです。

僕は高校時代の友達を演じましたが、慣れてくると、そのうち「仮面」がなくても自然とそうした挨拶や会話ができるようになっていったのです。

失敗してもいいから、とにかく場数を踏む

口ベタをなんとかしようと、話し方教室に通ったりするのも悪いことではありませんが、何もそんなふうにいきなりハードルを上げなくてもいい気がします。

僕が高校のとき友達のマネをした〝コンビニの店員に挨拶する〟という方法ではないですが、店に入ったとき店員さんに「○○はありますか？」など、商品について積極的に聞いてみたりするのもいいかもしれません。

そのように、「失敗してもあまり被害の大きくないこと」で練習してみるのはおすすめです。口ベタなタイプの人は、「人に聞く」ということもなかなかできなかったりするからです。

ポイントは、**自分に利害関係のない人とどんどん話してみること**です。

お店に入って店員さんと話すのに失敗を恐れる必要はありません。

というより、あえて、**失敗してもいいところで場数を踏む**のです。

「この商品とこっちの商品だったらどちらが売れていますか？」

「もっと小さいサイズが欲しいんですけど、メーカーでも作っていませんか？」
「前にこんな商品を見たのですが、もう入ってないんでしょうか？」
など、なんでもいいと思います。自分の思ったことが自然と口に出るようになるまで練習して、コミュニケーション能力を上げていってください。

もしくは、自分が目標とする〝誰か〟になりきって店員さんと話をするのもいいかもしれません。

会社で言いたいことを上司や同僚に自由に言ったり、突然、他のペルソナをかぶって取引先の人と会話を始めたら、怪しいと思われたり、人間関係が険悪になったり、さらには会社での評価も悪くなるかもしれません。そこには何かしらのリスクが生じます。

しかし、店員さんに挨拶をしたり、質問をしたりすることにリスクは一切ありません。もし失敗したと感じるようなことがあっても、店を出てしまえば、その店員さんとの関係はもうどうでもいいからです。

そういう「失敗してもいいところ」を積極的に練習の場にしてください。

失敗しても、失うものは何もありません。

たとえ失敗したとしても、困ることは、次はちょっと遠い店舗に行かなくてはならないくらいのことです。
そういうところで練習を積んでいくのは、実践的ですごくよいことだと僕は思います。

メンタリストDaiGo流「逆転の発想術」㉒

“失敗”の繰り返しで、口ベタは克服できる。

我慢したくない！あなたのための「逆転の発想術」

イラッとしたときに我慢しないですむ〝発想の転換術〟

我慢はしてもしなくても「覚悟」が必要

今でこそ、我慢とはほとんど無縁の生活を送れるようになりましたが、小さい頃、僕はずっと我慢をしている子どもでした。

いじめられているときも、やり返さずに我慢をしていました。

では、我慢してラクになったかというとそんなことはありません。

我慢していたらいじめられなくなったかというと、むしろその逆だったのです。

つまり、**我慢しても何も変わらない**わけです。自分の感情を押し殺しているだけで、外の世界に向けて何も行動していないし、発信していない、だから、状況が何も変わらないのです。

僕は、大学受験の勉強のやり方をめぐって高校の教師と言い争って以来、我慢することはもうやめようと決めました。

それは東大を目指して自分の勉強法を確立しようとしていたときのことです。英語教師がある英語の文章を間違った読み方で読んだので、僕はこう指摘しました。

「それはこうじゃないですか？　ちょっと納得いかないんですけど」

すると、その先生はクラス全員の前で、僕に向かって、

「そんな細かい読み方をしていたら、お前、大学落ちるぞ」

と言ったのです。

僕は今でも明らかにその先生が間違っていたと信じているほどなので、当然、当時の僕はカチンときて、それ以来、その先生の授業のときは耳栓をして完全無視の体勢を貫きました。彼の言った「大学に落ちる」という見解が正しいかどうか勝負しようと思ったのです。

授業中、内職する生徒はたいていそれを隠してやりますよね。でも、僕はそれを遂行す

るにあたって隠すようなことはしませんでした。教科書ではなく参考書をバッチリ机の上に広げて、耳栓をして別の勉強をしていました。

もちろん、そのような形で宣戦布告してから僕は必死で勉強しました。その結果、英語に関しては全国模試で学年トップの成績を取りました。僕は自分の名前が載った「成績優秀者リスト」を持って職員室に行き、それをその先生の机の上にバンと叩きつけたのです。

言うまでもなく、僕はそのあと校長室に呼ばれ、校長や学年主任、他の先生たちに怒られました。しかし僕自身はもう満面の笑みです。我慢しないでやりきったことで、心底満足感を得ることができたからです。

もちろん、「我慢しない」という行動を選択することで、何かしらの代償を支払わなければいけない場合もあります。

でも、**我慢しないでやりきることで、状況は確実に変わる**のです。

今考えてみれば、反抗的でイヤな生徒だったと思います。また、教師を敵にまわすなんて、若かったなぁとも思います。今だったら、その先生とはむしろ仲良くしていたはずです。

ちなみに、卒業後、その先生が「東大や慶應に受かるヤツがいるとしたら、それはアイツしかいないだろう」と僕のことを認める発言をしていたという話を友達から聞きました。その話を聞いた僕は、手土産を持って学校に行きました。そして、あのときはちょっとやりすぎました、とその先生に謝ったのです。

話が少しそれてしまいました。

もしあなたが、一生我慢したいのだったら、そうすればいいと思うのです。我慢は、新たな揉《も》めごとを回避できる、素晴らしい防御法でもあるからです。

たとえば、上司からいろいろ言われていても、その人との関係を悪くしたくないのなら、そのままずっと我慢しつづけることです。我慢する覚悟があるのなら我慢すればいいと思います。

逆に、我慢をしないと決めたのなら、自分の行動に責任を持ち、それによって代償を支払わなくてはいけない可能性があると覚悟を決めるべきだと思います。

我慢しないですむ「発想転換術」

もうひとつ、**イラッとしたときに我慢しないですむ、こんな発想の転換方法**もあります。

そもそも僕はあまり怒りやすいタイプではなかったのですが、仕事をしていて、ときどき「えっ？」と驚くようなことを言ってくる人がいたとき、イラッとすることがありました。

当時は、人間的にもまだ未熟だったため、自分とは違う意見、あるいは自分の知っている知識とは違うことを言ってくる人を「間違っている」と決めつけていたのです。

でも、あるとき、**「自分とは違う」ことと「相手が間違っている」ことは、別問題**だと気づきました。

そして、自分が注意を向けるポイントを、

「自分が正しくて、相手は間違っているのではないか？」

というところから、

「相手は、なぜ今このことを言っているのか？」

「相手は、どういう欲求を満たしたいから、それを言っているのか？」

と、相手のことに焦点を当てたポイントへとシフトしたのです。

それまで僕がイラッときていたのは、「その意見や情報は正しい・正しくない」というジャッジメントが軸になっていました。そして、その裏には、常に「自分は正しい」があったのです。

そのことに気づいてからは、イラッとすること自体、とても少なくなりました。

たとえば、仕事の現場で、帰りがけにバタバタしているとき、「サインを10枚ください」と言ってきた人がいたとしましょう。

僕は次の予定に遅れそうだし、急いで帰ろうとしている。そんな状況をわからずに、どうしてこの人は自分勝手なことを言うんだろう？　と少しイラッとしたとします。

そこで、すかさず「どうしてこの人は10枚もサインを欲しいと言うのだろう？」と考えるわけです。

そうすると、家に子どもがたくさんいるんじゃないかとか、いろいろな人に頼まれて断るに断れず、この人が代表でもらいに来たんじゃないかと相手の事情を推察することができます。すると、その結果、イラッとした気持ちがおさまるのです。

もちろん「誰かに頼まれたんですか？」と直接本人に聞いても構いません。真相がわかればそれでストレスが減るからです。

このように、**相手の人が何を求めてその言葉を言っているのかを考える方法はとてもお**

すすめです。

忙しかったり、やることが多かったりすると、つい自分のことで頭の中はいっぱいになってしまいますが、相手が何かを言ったとき、「この人、何が言いたくてこの話をしているんだろう？」という部分に注力して聴くようにすると、心はだいぶラクになるのです。

僕もこの方法でストレスが少なくなりました。

聴き方を変えるだけで、ストレスがなくなるのです。

しかもこれは、相手の意図をくみ取っているだけで、我慢しているのとは違います。

つまり、「我慢」はストレスを溜める方法ですが、「理解」はストレスを発散する方法になるのです。

メンタリストDaiGo流「逆転の発想術」㉓

相手の意図がわかれば、ストレスはなくなる。

自己嫌悪から抜け出したい！　あなたのための「逆転の発想術」

その欠点があることで何かしらのメリットがあるのでは？と考えてみよう

あなたは「自己嫌悪な自分」を自ら選んでいる

僕自身、小学校、中学校といじめられた「自己嫌悪の8年間」を送ってきたはずなのに、今となっては、当時いったい自分のどこが嫌いだったのかは漠然としていてほとんど記憶にありません。

それと同じように、今「自分が嫌い」、あるいは「あまり好きじゃない」という人は、どこかそのあたりのことに具体性が欠けているのではないでしょうか。

また、自分のことが「全部嫌い」というのも信憑《しんぴょう》性に欠けているように思います。

嫌いな箇所は無数にあるわけがなく、必ず有数です。自分のことが嫌いでも仕方がないとは思いますが、せめて、漠然とさせておくのではなく、自分の「ここ」が嫌いと言えるように、**具体的にリストアップ**してみたほうがいいでしょう。

たとえば、それが外見なのか、内面なのか。

外見だったら、具体的にどこが好きではないのか。

内面だとしたら、どういうところが嫌いなのか。

それを特定しないことには、変えることすらできません。

目が小さいからイヤだという女性は、メイクで大きく見せることも可能でしょうし、最近は外科的な技術で大きくする方法もあります。僕のように癖っ毛がイヤだと思っているならストレートパーマをかければいいし、体重を増減させることで自分に対する嫌悪感が払拭されることもあるでしょう。

このように嫌いな部分が「外見」であれば、解決策は比較的容易に考えられると思います。

問題は、「意志が弱いから好きじゃない」とか、「言いたいことが言えない自分がイヤだ」とか、あるいは「口ベタな自分が嫌い」とか、嫌いな部分が内面的な要素である人の場合です。

こういったマインド的な部分は、僕から言わせると、**「自分自身で選択しているところ」も大きい**と思うのです。

たとえば、あなたが「人にハッキリとものが言えない」というのが悩みで、そういう自分が嫌いだとします。

では、なぜ人にハッキリとものが言えないのでしょうか？

「言ったあとに気まずい空気になるのがイヤだ」とか、「嫌われてしまうのが怖い」とか、「場の空気を壊したくない」と思ってしまうからではないでしょうか？

相手にハッキリとものを言ってしまったら、相手に不愉快な思いをさせてしまう、だから本当はハッキリと言いたいのだけれど、相手の気持ちを気遣ってあえて「言わない」という選択をしているのだ、そうあなたは言うかもしれません。

確かに、それはあなたにとっては真実なのでしょう。

それなら、相手に不愉快な思いをさせてしまうのがなぜイヤなのですか？

それによって自分が嫌われてしまうと思うからではないですか？

自分の身を守りたいからではありませんか？

つまり、誰かに頼まれて「言わない」わけではなく、それが自分の身を守る防衛法だから「言わない」わけです。結局、自分で〝言わない自分〟を選択し、それが今の自分になっているのです。

だったら、その**根本の部分を変えていくことで、自己嫌悪は消えていくはず**です。

このように、「自分がその欠点を持ちつづけていることで、何かしらのメリットがあるのでは？」と考えてみるのはいいことかもしれません。

自分にとって本当にマイナスでしかないこと、ひとつも利益がないことを、人はおそらく継続させてはいないはずだからです。

嫌いな部分を明確化し、理由を分析する

自己嫌悪から抜け出すときの一般的な方法は、

「自分の短所ではなく、長所に目を向ける」

というものなのかもしれませんが、僕は、あえて長所に目を向けずに、自分が嫌いだと思っている部分をどんどん具体化して、さらには明確化させて、その理由を探したほうがいいと思います。

自分の「全部が嫌い」という人なら、どこが一番嫌いなのかを考えてみてください。そして、それを明確化して、その理由を探して分析してみるのです。

自分のことは自分が一番よく知っているというのは幻想です。

むしろ、普通、自分のことが一番「知りたくない」ですし、見えていません。だから、**自分が嫌いなときくらい、自分のことを徹底的に研究して分析してみてもいい**と思うのです。

僕は、この本の「プロローグ」でお話しした、嫌いな自分を書き出し、それをすべて逆転させるという方法で自己嫌悪から抜け出せました。

といっても、いまだに遅刻はしますから、すべてが変わったわけではないですが、少なくとも努力をしたことで自分というものを認められるようになったし、前よりも自分のことが好きになりました。

ちなみに、今の自分を逆転させて、「自己嫌悪な自分」を変えようと行動するときの注意点があります。それはいわば「やり抜くための注意点」です。

人間の脳には、「恒常性維持機能」という、生体の内部環境を一定に保とうとする機能が備わっています。

体温や体重、あるいは感情でもそうですが、それが正常に機能していれば、上がったら下げようとするし、下がったら上げようとします。たとえば、体重が急激にある一定量以上減ったら、それ以上減って死んでしまわないように代謝を減らして生命をつなぎます。感情も、悲しいときもあるけれど、それはいつか戻るし、むちゃくちゃテンションが上がるときもあるけれど、しばらくすると必ず落ち着きますよね。


つまり、**脳は「現状維持」が好き**なのです。

ですから、自分を変えようと、突然今までと違った行動をとっても、「嫌いな自分」の歴史が長ければ長いほど、脳が混乱して変化を受けつけようとしないことが多いのです。

たとえれば、明日は早起きしようと決めたのに、「あれ？ ギリギリまで寝ているのが好きだったんじゃなかったっけ？ 明日の朝も寝ていようよ〜」と誘惑してくる悪友みたいなものです。

人間は変わりにくい生き物なのです。「変わらないという選択肢」や「怠ける選択肢」を選ぶようにできている、そのことをまず認識してください。

第1章で、人間がひとつの習慣に慣れるまで21日くらいかかるというお話をしました。

同様に、**新しい何かを始めるときは、それを21日つづけられれば、その習慣は脳に定着します。**

アイメイクを変えるなら、新しいメイク法を21日間つづけて、様子をみてください。

「遅刻をする自分」が自己嫌悪の原因なら、21日間、「時間を守る」ということを徹底してみてください。

メンタリストDaiGo流「逆転の発想術」㉔

人は無意識に、「変わらないこと」を選択している。

参考文献

ジェイ・ヘイリー『アンコモンセラピー』二瓶社　2001

ラマー・キーン『サイキック・マフィア』太田出版　2001

工藤力『しぐさと表情の心理分析』福村出版　1999

D.アーチャー『ボディ・ランゲージ解読法』誠信書房　1988

匠英一『しぐさで見抜く相手のホンネ』扶桑社　2008

養老孟司×古館伊知郎『記憶がウソをつく!』扶桑社　2010

渋谷昌三『外見だけで性格を見抜く技術』幻冬舎　2009

イゴール・レドチャウスキー『催眠誘導ハンドブック』金剛出版　2009

石井裕之『なぜ、占い師は信用されるのか?』フォレスト出版　2005

石井裕之『コミュニケーションのための催眠誘導』光文社　2006

齋藤勇『心理分析ができる本』三笠書房　1997

千葉英介『心の動きが手に取るようにわかるNLP理論』明日香出版社　2003

林貞年『催眠術のかけ方』現代書林　2003

林貞年『催眠術の極意』現代書林　2006

林貞年『催眠術の極め方』現代書林　2008

山中康裕『ユング心理学』PHP研究所　2007

Ekman,Paul & Friesen,Wallace V.UNMASKING THE FACE.MALORY BOOKS,1975

Ekman,Paul.Telling Lies.W・W・NORTON,1992

Ekman,Paul.Emotions Revealed.TIMES BOOKS,2003

Ekman,Paul.Facial Expressions.American Psychologist. Vol.48,No.4,384-392

Ekman,Paul.Why Don't We Catch Liars?.Social Research. Vol.63,No.3,801-817,1996

Ekman,Paul & L.Rosenberg,Erika.What The Face Reveals.Oxford University Press,1997

Silver,Tom.Ultimate Shock Induction(Video)

Silver,Tom.Secret of Shock and Instant Induction(Video)

Hunter,Rudy.Tree Reading(Video)

Jaquin,Anthony.Reality is Plastic.UKHTC,2007

O'Hanlno,William Hudson,& Martin,Michael.Solution-Oriented Hypnosis,1992

O'Hanlno,William Hudson.Taproots.Underlying Principles of Milton Erickson's Therapy and Hypnosis.New York:Noton,1987

Zeig,Jeffrey K.Experiencing Erickson.New York:Brunner/Mazel,1985

Zeig,Jeffrey K.A Teaching Seminar With Milton H.Erickson.New York:Brunner/Mazel,1980

Haley,Jay.Uncommon Therapy.New York:Norton,1973

Haley,Jay.Conversations with Milton H.Erickson,M.D.Vol.1 & 2.New York:Triangle,1985

Riggs,John.Fat-Free Mentalism.

Riggs,John.The complete Fortune Teller.

Stagnaro,Angelo.Something from Nothing.

Stagnaro,Angelo.European Mentalism Lecture,2005

B.Anderson,George.Dynamite Mentalism,1979

Rowland,lan.Full Facts Book of Cold Reading 3rd Edition,2002

Knepper,Kenton & Tank,J..Completely Cold

Knepper,Kenton.SAR

Knepper,Kenton.Miracles of Suggestion,2002

Knepper,Kenton & The S.E.C.R.T,School.Mind Reading,2005

Knepper,Kenton & Steven Sikes,Rex.Wonder Reading,1999

Knepper,Kenton.Wonder Words1

Knepper,Kenton.Wonder Words2

Knepper,Kenton.Wonder Words3

Dewey,Herb.Mindblowing Psychic Readings

Dewey,Herb.Psycho-Babble

Dewey,Herb & K.Saville Thomas.King of Cold Readers

Dean,Jeremy.How to be creative

Webster,Richard.Quick and Effective Cold Reading

Webster,Richard.Commercial Cold Reading(Audio)

Webster,Richard.Further Commercil Cold Reading(Audio)

Trickshop.MASTERING HYPNOSIS,2001.

Brown,Derren.Tricks of the Mind,2007

Corinda.Thirteen Step to Mentalism,1986.

Wiseman,Richard.Quickology How We Discover THe Big Truths In Small Things

Crouter,Fred,The Inner Secret of Cold Reading

TRADECRAFT.The Art and Science of Cold Reading

Hyman,Ray.Cold Reading:How To Convince Strangers That You Know About Them

Jakutsch,Jas.Completely Mental 1,1999.

Jakutsch,Jas.Completely Mental 2,1999.

Jakutsch,Jas.Completely Mental 3,1999.

Cristopher,Milbourne.Mediums,Mystics and the Occult,1975.

Henderson,Brad.The Dance

Kross,Ford.Suggestive Mentalism

Mann,Al.High Domain

A.Nelson,Robert.The Art of Cold Reading

A.Nelson,Robert.A Sequel to the Art of Cold Reading

不安を自信に変える

「逆転の発想術」

あなたの人生に役立つ24のメンタリズム

2013年 7 月10日　第1版第1刷
2017年 2 月28日　第1版第4刷

著　者　　メンタリストDaiGo

発行者　　後藤高志
発行所　　株式会社廣済堂出版
〒104－0061　東京都中央区銀座3-7-6
電話　03-6703-0964（編集）　03-6703-0962（販売）
Fax　03-6703-0963（販売）
振替00180-0-164137
http://www.kosaido-pub.co.jp

印刷・製本　　株式会社廣済堂

文・構成　　有動敦子
ブックデザイン　　小口翔平（tobufune）
撮影　　酒井一由
ヘアメイク　　永瀬多壱（VANITES）
衣装協力　　LANVIN en Bleu
本文DTP　　株式会社三協美術
編集　　伊藤岳人・戸田雄己（廣済堂出版）

ISBN978-4-331-51739-0　C0095